七闽人师阮弥之

卢美松　主编

福 建 省 历 史 名 人 研 究 会
福建省姓氏源流研究会阮氏委员会

海峡出版发行集团
THE STRAITS PUBLISHING & DISTRIBUTING GROUP
福建人民出版社
FUJIAN PEOPLE'S PUBLISHING HOUSE

2021 年 10 月 8 日，讨论阮弥之研究事宜（在福州软件园）

2022 年 7 月 31 日，编辑部在尤溪厚地调研

2022 年 8 月 1 日，编辑部在尤溪调研

2022 年 8 月 5 日，编辑部在仙游郊尾阮庄调研

2022 年 8 月 5 日，在仙游郊尾阮氏故居调研

2022 年 7 月 31 日，在半岭阮氏祠堂读阮氏族谱

2022 年 2 月 23 日，编辑部交流本书编纂事宜（在福建省政协）

2022 年 11 月 24 日，本书编纂工作推进会议（在福建省政协）

2023 年 3 月 23 日，修改、编辑本书书稿（在福州市政协文史委）

2024 年 1 月 6 日，在阮公祠研讨关于设立中华优秀传统文化教育基地事宜

序

阮弥之出身中原士族，深受儒学文化陶染，一生行事诠释了中华文化价值理念与核心内涵。后人通过了解其人生平，相信会被他的精神所感动。每个家族都有它的历史，宗功祖德与家训族规等是中华优秀传统文化中的精粹部分。梳理家族文化对世人具有激励作用，以家族为中心研究阮弥之，可以使人窥见其精神对后裔的影响，也能提升家族内部及海内外宗亲向心力，增强中华民族凝聚力。

在南朝刘宋时期，涌现出一批影响深远的学者，那些历史名人事迹被载入史册。还有许多人秉承儒家道德仁心，为社会发展进步作出不可磨灭的贡献，但由于种种原因，历史对他们的记录只是“零星片楮”。如阮弥之即是其中一位。他主要活动于刘宋时期，对福建教育、农业发展和社会治理等作出了“开创性”贡献。而论福州文化教育起源，则不得不先说此人。

“史者，所以明夫治天下之道也。”尊崇历史、研究历史，首先要确立历史思维，如此才能“以古为新”，才可以更好地传承中华优秀传统文化。谱牒学是史学构成部分，挖掘家族历史，是传承与发扬姓氏文化关键步骤。而深入研究姓氏族群历史，能补地方文史研究之阙如。族谱是家族历史载体，通过族谱可了解当时社会情况、风俗民情、名人事迹，且其中许多信息属于“稀见史料”。近代著名学者梁启超肯定家谱、族谱作用，认为它是“国史取材之资”，并说：“我国乡乡家家皆有谱，实可谓史界瑰宝。”清代史学家章学诚在《文史通义》中提到：“家乘谱牒，一家之史也；郡府县志，一国之史也；综记一朝，天下之史也。比人而后有家，比家而后有国，比国而后有天下，唯分者极其详，然后合者能择善而无憾也。”族谱历来和国史、方志并称为我国三大历史文献，且有着重要的教化作用。族谱延续家族根脉，传承先人懿德。阮氏作为世家大族，历代皆重视族谱修撰，分散全闽各地的阮氏分支，皆能修谱以记述血脉渊源，传承祖先志业。正是由于这些族谱的存在，才使得这项研究成为可能。

阮弥之被后人尊奉为“七闽人师”“闽中文教始祖”，在福州乃至福建的教育事业发展中居于“开先”地位。他传播中原文化，宣仁义，正风俗，闽越民风因之“丕变”。对于阮氏宗族而言，出版这样一部书很有意义。阮弥之入闽后，阮氏家族便开始在闽地扎根，阮氏后人开枝散叶，子孙成就巨大，阮氏遂成闽越地区名门望族。后因社会动荡、家族发展等原因，阮氏开始向福建各地乃至海外迁徙，这些人也为当地做出了贡献。这次研究阮弥之生平，并梳理阮氏家族历史，对社会文化之裨益不言而喻。

历史与文化是民族之根，作为福建省省会城市，福州地理环境突出，文化底蕴深厚，全城中有数不清的历史名人。加强对历史名人事迹整理，可以深化历史研究，且有助提升社会良好风气与精神塑造。近年来有关部门、研究机构及学者、专家等在该领域中做出了许多有价值有意义的成果，这是值得肯定的。但也存在一些不足之处，还有不少“空白”或鲜有人关注的历史事实沉淀尚待整理。本书是福建历史名人和家族研究的一个阶段性成果，今后文史界还要继续做好相关研究和宣传，讲好名人故事。同时以文史研究助力文化自信和社会高质量发展，进一步推动文旅事业繁荣，为构建人类命运共同体，为民族复兴伟业贡献智慧和力量。

阮奉紫

癸卯年冬月于福州

前言

阮弥之（？—436）的名字至今已少有人提起，因为他从江左（江苏南京）来闽担任昌国郡（今福州，南朝宋元嘉年间由晋安郡改）守已是距今将近1600年前的往事。他的生平事迹早已隐入历史的深处，鲜为人知了。但若说到福州的甚至是福建的教育发展历史，这是一位必提的关键人物。他在福建卒后，民众为之立庙奉祀，题匾称“七闽人师”；官方赠匾曰“闽瓯师表”，均表彰他开创闽地文教先河的贡献。这是对他个人治绩的历史定位，也是对福建教育历史的客观记录。

福建古称“七闽”，这不是行政区划的定数，而是出自上古周代朝廷在闽“所服国数也”。即当时闽人所立七个方国（部族）；瓯闽则是闽中方域的概称。“人师”“师表”云云，都是时人对阮弥之在闽兴教功绩的赞颂。史载“昌国初为蛮地，俗不知学，弥之教之稼穑，兴学校。”表明晋宋之时，瓯闽地区虽受中原王朝管辖，却尚缺少文明教化，俗不知学，故称“蛮地”。正因为如此，阮弥之主政昌国郡，兴学施教，使闽中“家有诗书，市无斗嚣”，其文明教化的肇始之功益显难能可贵。此前千数百年间未见治闽者有如此记载，可见阮弥之应是闽中文教之始祖。

阮氏初涉闽中即有如此惊世伟绩，实乃渊源有自。

追溯志牒记载，阮氏系伏羲氏之后，阮隃伯之胤，皋陶伯益之裔。商代因功受封，建立阮国于泾渭（今甘肃泾川）之地，东周迁徙陈留郡（今河南尉氏县），自甘隐逸，蔚为望族。史载其氏族中知名者汉晋即有“建安七子”阮瑀，“竹林七贤”阮籍、阮咸之辈。阮氏为“中州士族”的翘楚，西晋以后又成为“南渡世家”的代表，盖因有习儒的传统与重教的门风。阮氏入闽始于南朝刘宋，阮弥之到福州任昌国郡守，是在受任交州刺史的第二年即刘宋元嘉二年（425），这在他从政生涯的晚期。他以仁心行惠政，史籍记载其政绩十分简略，联系到当时闽中地区的社会历史背景，应该说他的文教业绩具有肇始之功，其兴农业绩的开创意义更大。

史志记载，阮弥之治闽业绩首在劝农。如《闽县乡土志》载，“弥之教稼穑”，又说他“盖首劝民农者，闽人食其德”。可见，此前闽人的农业生产技术水平尚低，阮弥之是中原世家南渡江左，乃以先进的农耕文明和生产技术教导闽越土著。他是福建有史记载劝民务农、推行先进稼穑方法的第一人，故称功在“首劝”。这也是福州地区从蛮荒起始开发、精耕细作的最早记载，为福建农业的发展奠定基础，居功至伟。阮氏落籍闽中后，弥之率领族众开发住地钱屿墩周围大片农田；同氏聚族而居，因而肇启郡东郊阮洋地名。

其次是《乌石山志》记载，当时“洞夷海寇为虐，弥之设方略御之”，这短短一句话语焉未详，可知郡城尚且如此，遑论闽中偌大地域，尚处在蛮荒状态。“洞(峒)夷”应指居住在福州周围山岩洞穴之中的闽越土著。“海寇”乃指晋末卢循起义失败后流落在闽海地区的“义民”，他们多改操水上生业，为“游艇子”，又称“泉郎”，有的流为寇盗。这些沿海地区的土著闽人，或“以渔猎山伐为业”，或从事捕捞采摘为生，尚少定居务农者。阮弥之以武力平定动乱，绥靖闽疆，施以教化，以仁心劝导农耕，招安岛民，其化育夷越之功载在史册，播于人口，是继严高筑城百余年后功业入于闽史的第二人。

当时，福州地区还是闽江口的一大港湾，周边有“万里重山”环绕，江口海湾内人口聚集，各营生业。经历千百年漫长岁月、沧海桑田的自然变迁，“闽在海中”的江湾之内，由泥沙淤积而逐渐在山丘周围形成洲地平陆、荒原草甸。传说阮弥之带领乡民开发百里沙洲，引进良种，发展农业。后来阮氏家族也就定居在郡城东郊钟山（又名钱屿墩，俗称前屿）周围地方。多年之后，其裔胤繁衍发展，许多人迁往福建各地乃至海外。据记载，琉球阮氏寻根到福州，其祖先为明代赐往琉球的“闽人三十六姓”之一；越南阮氏直至民国时期仍有参加福州阮氏的祭祖活动。

再次，清郭柏苍《乌石山志》记载，阮弥之“兴学校，正风俗”。《福州阮氏宗谱》亦载，阮弥之初到，“见闽越人不知学，不知礼，”遂于“乌石山麓择地三十余亩，二十多间房，兴办学校，邀请江左名士包括阮氏文人，来闽讲学”，宣仁广义，传播中原文化，正风俗，扬士风，倡文明，民风因之“丕变”。据《三山志》载，因他的教化，闽地从“俗未知学”做到“家有诗书，市无斗嚣”，开启了闽中的文明教化。阮弥之治郡的成效影响甚巨，纪阮祝文称颂他“开全闽之文章”，闽中读书之风由此兴起，可见诗书教化确能移风易俗。闽中初现良风美俗，风教遍于市井。阮弥之殁后，世人为悼念他，在衙署旁地建“七闽人师庙”以祀之。《闽县乡土志》载“弥之入闽兴学，在虞愿、李椅、常衮诸人之前”，所以世称“七闽人师”诚为实至名归之褒扬。可惜，继阮弥之之后担任晋安郡守的两兄弟阮仁之（元嘉九年任）、阮永之（元嘉十五年任）事迹，却没有留下记载，成为历史的缺憾。

阮氏家族在历史上是“衣冠士族”，永嘉之乱自河南陈留南迁至于江左南京，成为南迁世家之一。阮弥之三兄弟入闽为官，隋唐以后，阮氏后裔逐步分散迁往闽中各地开基，如漳州、泉州、兴化、福宁、延平诸州府，福州府的有古田、长乐、罗源等县。以福州东郊开基地为中心，阮氏聚居的前屿、后屿、阮洋（俗称远洋）等地，成为外迁的始发地。根据琉球阮氏族谱记载，始祖阮国（号我莘），于嘉靖四十五年（1566）出生于龙溪县；1594年后，多次往返中琉之间；1607年受朝廷批准入籍琉球，以士族身份入居久米村。其后裔不忘开基祖，坚持400多年的回乡祭祖活动，当代更组织“阮氏我华（即阮莘）会”；20世纪80年代以来，多次携带《阮氏家谱》寻根到漳州龙海角美，拜谒祖庙“世德堂”，同时，还访问了福州阮公祠、泉州阮氏祠堂、海澄（县）月港阮氏宗祠。

阮弥之的善治惠政闻于朝廷，宋文帝刘义隆特派朝臣、散骑常侍袁渝到闽中考察，“觇其吏治”，“观察吏政，访求民隐”。阮弥之如实报告，“历陈损益上言”。经了解后，袁渝多次向朝廷汇报阮弥之的仁声惠政，皇帝十分高兴，欲招回内用。刘宋文帝时政治清明，文教发展，号称“元嘉之治”，三十年间社会安定，故想把阮弥之调回朝廷，委以重任。无奈当地百姓“焚香遮留”，不让调走，阮弥之终于留下。但几年后他因同情社稷大臣檀道济被枉杀，“竟叹息忘寝息，以忧卒”。可见他忠国为民，为忧劳国事而亡身。据史书记载，阮弥之于元嘉元年（424）和七年（430）两征林邑（在今越南南部），故在郡任职时间实不过四年。朝廷得到他的死讯，随即下诏表彰，追赠资政大夫称号，并谥为“忠惠”，赐祭葬并建庙，定春秋二季官祭。

阮弥之在任期间功绩卓著，但史载简略，概而言之，其事迹主要有：教民稼穑，垦荒屯田；兴办学校，延师教学；端正士习，移风易俗；招安岛民，化育夷越；绥靖闽疆，郡邑井然，闽中因之大治。听闻阮弥之死讯，男女百姓痛哭，颂其至德。史载“闽人食其德，立祠祀之”，并“塑像奉以为神”，在乌山南麓学社原址建忠惠庙敬祀，郡人奉匾曰“七闽人师”。明万历七年（1579）应乡人之请，将庙移建于东郊归善里（今前屿村），万历三十七年（1609）夏，“七闽人师”庙毁圮，“片瓦只椽，杳不可见”。《乌石山志》记载，当时阮公祠中还祀有抗倭将领阮鹗。据史料记载，清乾隆十一年（1746），“巡抚周学健重修”。乾隆二十四年，朝廷赐帑下旨重建，福建宪台题赠“闽瓯师表”匾，祠联称“闽瓯著绩垂千古；师表荣名耀万年”。这些匾联与最初“七闽人师”题匾都比较准确地表达了人们对阮弥之于闽中开辟文教鸿蒙治绩的评价和礼敬，寄托着闽人对阮弥之劝农兴学、教化百姓功业的永久思念。忠惠祠于“道光中遭飓风摧倒三进”，至今尚存“道光十九年，本乡重建立”石刻记其事。余下两进于光绪十九年（1893）重修，1994 再修，现占地面积 600 多平方米，祠宇坐南向北，土木结构，前后三进，保留明代建筑风格。1995年公布为福州郊区文物保护单位，现为福州市文物保护单位。

目录 CONTENTS

第一章 阮弥之家世

华夏文明璀璨斑斓，中华优秀传统文化博大精深，而姓氏文化是中华优秀传统文化的重要组成部分。这种以血缘、姓氏为传承因子，通过对祖先渊源的追溯，以及对先人历史功绩的弘扬，从而构成多元一体，且具延续性、传承性的中华姓氏文化。《孟子》曰：“天下之本在国，国之本在家，家之本在身。”家族、家庭是国家民族的基础，国家繁荣稳定，乃家族发展之根本保障。中华民族历来注重宗族伦理，故修谱牒，建宗祠，祭祖先之事不绝于史。家史、族史融入国史，成为华夏历史的重要组成部分。弘扬优秀传统文化，保存民族历史记忆，攸关国家民族的延续与兴盛；传承家族文化，遂成为当代华夏儿女共同的历史使命。

第一节　阮氏源流

数千年来，中华姓氏文化传递着“华夏同祖”“炎黄一家”的思想理念，形成中华民族特有的向心力和凝聚力。中华姓氏文化也是维系海内外炎黄子孙“家国情怀”的情感纽带，使中华民族得以长久屹立于世界民族之林。阮姓是中华古姓氏之一，有数千年的得姓历史，典籍记载着阮氏肇姓以来长达三千多年。张澍《姓氏寻源》云：“殷有阮国，在岐渭之间，文王侵阮是矣，子孙以国为氏。”阮氏主要源于皋陶之后——“髡”，其在殷商时期建立阮国，阮国后胤便以国名立氏，此为阮氏的主要起源。阮氏经陈留郡发祥，蔚成望族，被誉为“中州士族”。阮氏经“永嘉之乱”“衣冠南渡”之后，逐渐向全国以及世界各地繁衍，开枝散叶。

史载华夏姓氏起源，可追溯到远古时期的母系氏族社会。它是由氏族血缘关系形成的信仰图腾，以之作为氏族的标志或符号，用以区分不同血缘的部族。由此产生的不同图腾标志，遂成为原始姓氏的来源。当时妇女在社会生产生活中居于支配地位，所以在婚姻家庭中也是如此，子女只知有母，不知其父，故皆以母氏为姓。已知的在上古时期几大主要姓氏如：姬、姜、姒、嬴、妘、姚、妫、姞等姓中都带有“女”字。“氏”是由“姓”衍生出来的产物。大约五千年前，母系氏族社会逐渐被父系氏族取代，历史进入父系氏族社会时期。由于社会生产发展，农业、畜牧业及手工业出现，男人地位突出，在社会活动中的作用愈加明显，遂逐渐过渡到以男性为主导的父系氏族社会。同时，婚姻家庭关系也随之改变，由原来的“随妇居”演变为“随夫居”家庭。而子女姓氏也转变成以父亲血统为主脉的氏族家庭，从而形成以家族血缘为根本的氏族文化，这就是“氏”的最初起源。氏是姓的分支，进入父系氏族社会，男子独立成立家庭，子女姓氏自然按父亲的血统标志来传承，当时的氏主要是起着分辨血缘的作用，如避免同姓通婚近亲繁衍。郑樵《通志·氏族略》记载：“姓者，统其祖考之所自出；氏者，别其子孙之所自分。”此时，人们对姓氏更多理解为血统标志。夏商周时期，姓氏分而为二。“姓”是传承于母系氏族或各种赐姓，“氏”主要来源于各级贵族的封地及爵位。当时，各阶级统治者大规模地分封诸侯国、食邑，产生大量的大夫、贵族，其后代就以祖上的封号、爵位，作为“氏”来传承。贵族争相效仿，“胙土命氏”之风由此盛行。因此，“氏”就逐渐演变成为贵族独有的标志，形成贵族之“氏”。这段时期，男子称氏，以氏为荣，为上流社会的标志，妇人则称姓。据《通志·氏族略》记载：先秦“姓所以别婚姻，氏所以别贵贱”，“贵者有氏，贱者有名无氏”。上述表明，先秦时期贵族是有姓有氏，普通百姓有姓无氏，贫贱者有名无氏。秦代以后，随着封建贵族的瓦解，

阮氏图腾

旧氏族制度也随之消亡。贵族之“氏”大都转化为“姓”，姓氏合而为一。此后，“氏”通常指女子娘家本姓，称为“某氏”，汉代以后，男子则称姓不称“氏”。

一、隃伯肇阮

阮姓是华夏民族古姓氏之一，早期其先人生活在秦岭西段一带。“阮”姓最早出现于《吕氏春秋·古乐篇》记载之阮隃。据《阮姓家谱》记载：“隃伯受封，食邑于昆仑大夏之西，后谓阮隃邑。”相传，阮出自上古时期的羲皇（太昊）少子，名栿，号隃，称隃伯，被羲皇（太昊）赐为“阮”，故称阮隃。为此，阮姓后胤把“羲皇赐阮”的传说作为阮姓的渊源来追溯。很多学者对“隃伯肇阮”历史进行了发掘、考证。由于年代久远，有关史料记载只有片语，且多零乱无章，但很多阮氏家族的宗谱及宗祠中，皆记载着阮氏源于“羲皇赐阮”的说法，有关史料还待进一步发掘考证。

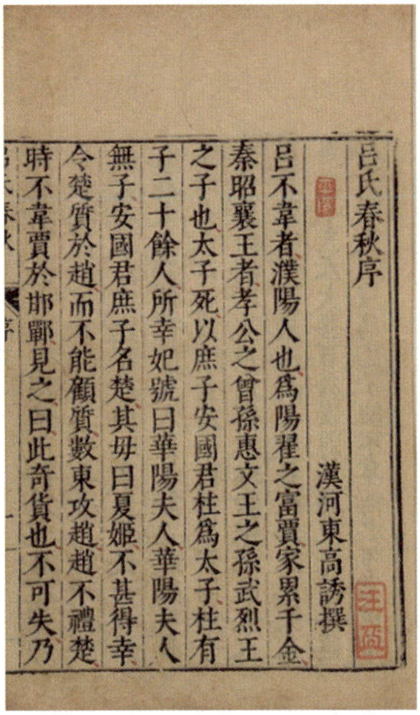
吕氏春秋序
漢河東高誘撰
吕不韋者濮陽人也爲陽翟之富賈家累千金秦昭襄王者孝公之曾孫惠文王之孫武烈王之子也太子死以庶子安國君柱爲太子柱有子二十餘人所幸妃號曰華陽夫人華陽夫人無子安國君庶子名楚其母曰夏姬不甚得幸令楚質於趙而不能顧質數東攻趙趙不禮楚時不韋賈於邯鄲見之曰此奇貨也不可失乃

《吕氏春秋》书影

阮隃受封食邑的地方，后人称之为阮隃邑或阮隃，遂作为地名流传下来。关于阮隃（邑）的存在及位置，见《吕氏春秋·古乐篇》载：“昔黄帝令伶伦（乐官）作律。伶伦自大夏（地名）之西，乃之阮隃之阴，取竹于嶰谿之谷（昆仑山北谷名），以生空窍厚钧者、断两节间、其长三寸九分而吹之，以为黄钟之宫，吹曰‘舍少’。次制十二筒，以之阮隃之下，听凤皇之鸣，以别十二律。……其雄鸣为六，雌鸣亦六，以比黄钟之宫，……黄钟之宫，皆可以生之，故曰黄钟之宫、律吕之本……”

根据《吕氏春秋·古乐篇》所载方位，结合“封食邑于昆仑大夏之西”地理方位，可知“伶伦从大夏的西边，在阮隃（邑）之背面，嶰溪的山谷中取竹”。据考证，大夏城遗址在今甘肃临夏州广河县阿力麻土乡古城村。那么，阮隃（邑）应该在秦岭西段山脉的丘陵地区。它必须具备秦岭背面（阴面）竹子能生长的区域条件，又能符合《吕氏春秋》中所记载的地理方位，所以，阮隃（邑）大致位置应该是甘肃陇南至甘南一带的西秦岭区域。这里历史上是大熊猫故乡，生长大片竹林，故符合前述历史背景。秦岭是华夏文明摇篮，先秦时期称昆仑。昆仑（秦岭）是中华民族龙脉，被尊为“祖宗山”，有“万山之祖”称谓，许多古书典籍皆留有对昆仑或秦岭的尊崇及赞美。据清末著名学者俞樾对《吕氏春秋》中阮隃之注解称曰：“阮隃即昆仑也。”说明阮隃地处于秦岭之中。根据《阮姓家谱》记载，“封食邑于昆仑大夏之西”。据论证，该区域是大禹的故乡，处于“羲皇故里”天水的西边，比较符合皇族把周边之地分封予子孙的习惯，同时亦与古人的生活半径相近。也从某种程度反映，阮隃伯为羲皇子孙之身份，以及受封食邑在昆仑之西的史实。依据“昔黄帝令伶伦作为律。伶伦自大夏之西，乃之阮隃之阴”所描述，说明阮隃（邑）在黄帝时期就已经存在，所以阮姓家族世代相传为“羲皇赐阮”“隃伯肇阮”，具有一定依据。《吕氏春秋》用词考究，内容严谨，涉及面广，有很高的文献价值。吕不韦曾以一字千金悬赏能改动或矫正书中内容者，说明《吕氏春秋》书中所载内容具备真实性。

据《阮姓家谱》记载，阮隃伯后代因辅佐黄帝有功，被分封各地。上古时期凡有功于社稷的人士、家族，多被帝王分封甚至赐姓。据邓名世《古今姓氏书辩证·六止》载，黄帝有二十五个儿子，其中十四人被分封得姓，共得到十二个姓。神农氏（炎帝）后代多也分封得姓，衍生出许多姓氏。因此，阮隃伯后代也多被赐姓。据《阮姓家谱》记载，阮隃伯四十世裔孙名咎繇，号皋陶（待考证）；《中国姓氏大全》称其为“偃姓”，另见《姓氏考略》注引《路史》云：“皋陶之后系出偃姓。”上古姓氏命名变化难以考证，关于皋陶身世，很多史料有载，如《虞书·皋陶谟》《史记·楚世家》《周礼·冬官考工记第六》等。据载，皋陶为尧、舜时代的一位贤臣，曾被舜帝任命为“理官”；皋陶制定《狱典》，倡导“明刑弼教、以化万民”，被后世尊奉为中华司法之鼻祖。《论衡》云：“五帝、三王、皋陶、孔子，人之圣也。”皋陶对华夏民族的贡献与功绩是不朽的。其封地在陇西皋地（今甘肃皋兰一带），后代分封在英山、六安等地。

二、阮姓得氏

阮“氏”主要源于皋陶之后。元《氏族大全》云：“殷有阮国，在汾、渭之间。”《姓源》云：“阮国，偃姓，皋陶之后，文王侵阮是也，后以国为氏。”关于阮氏源流记载有众多版本，《路史》《疏传记》《姓氏考略》《广韵》《元和姓纂》《姓觽》《氏族典》《史姓韵编》《古今姓氏书辩证》等皆有不同源流的记载。尽管众说纷纭，但阮氏系出皋陶之后是所有阮族所认同的，且尊奉其为阮氏始祖。据《东夷源流史》记载，偃姓也尊奉皋陶为其始祖。除此之外，还有一些后裔国大多以国为氏，如英氏、阮氏、李氏等其他姓氏部族，他们同样是皋陶后裔的重要组成部分，这些姓氏散居各地，来源各异。

阮 陵

据考，阮隃伯后胤最初由陇南、甘南封地进入大夏河（古称漓水），顺黄河流域以及向陇西、岐、渭之间迁徙发展。罗泌《路史》

云："皋陶之后系出偃姓。"因为偃姓源自黄帝帝系之后，所以阮"氏"亦为黄帝之后。殷商时期，阮髡建立阮国（今甘肃泾川一带），后商子孙商代世袭分封在阮国（今甘肃泾川一带），阮姓后代便以国名立"氏"，此为阮氏源流之正脉，是阮氏的主要起源。

在古阮国境内，泾川县泾明乡出土的商代铜鬲，口沿内侧铸有徽记铭文

商代铜觚（疑为阮国王庭酒器）

由于一些学者对阮氏家族的研究方向及接触资料情况不同，难免对源流产生提出多种看法及结论。学者有不同见解是正常现象。学术只有通过不同的观点及问题的讨论，才会逐步形成共识，认识相互融合或提升。同时，历史也必须经过深入探索，才能让史实更清晰地得以还原。许多姓氏对源流的记载，会有不同的说法。因此，需要进行深度的挖掘整理，才会得出更接近事实的结论。

阮氏历经三千年的沧桑变化，由于历史上多次迁徙，造成国内现存人口相对较少。据不完全统计，目前国内阮氏人口为 109 万人左右，位列百家姓第 144 位（按 2020 年普查数字）。根据文献记载以及对多地《阮姓宗谱》的调查梳理，发现流传至今的阮氏家族源流基本为一脉相传：即系出阮国、偃姓，为皋陶之后。也许因为历史上阮氏源流“单纯”的缘故，所以人口基数较低，数量偏少。依据文献所载对阮氏源流进行梳理，大致可归纳出三个不同系出的阮氏源流：

（一）皋陶之后，阮国后胤之阮氏。程应琏《千家姓》云：阮氏，陈留族。几经迁徙，商末时为周所吞并，子孙以国为氏。阮氏郡望陈留，即今河南开封东南陈留镇，后裔分布渐广。

（二）石姓后胤，石姓人改为阮姓。见《南史》《姓氏考略》《路史》等书载，春秋时卫国大夫石碏之后在东晋时改石为阮者，史料未见这支后裔流传之记载。

另，南朝会稽余姚人石令嬴，因得梁武帝宠爱，被萧衍拜为修容，赐姓阮，其家族或有以阮为氏者。据《南史》记载：“文宣阮太后，讳令嬴，会稽余姚人也，本姓石。初，齐始安王遥光纳焉。遥光败，入东昏宫。建康城平，为武帝采女。在孕，梦龙罩其床。天监六年八月，生元帝于后宫。是日大赦。寻拜为修容，赐姓阮氏。尝随元帝出藩。”

（三）有史料记载发源于今河北卢龙县的白沟河，以玄鸟为图腾而形成的部落，有姓阮者，但未见其后裔情况记载。

此外，关于其他几种阮氏来源说法亦附于此，并作分析：

（一）“九原阮”或“五原阮”说。经考证，古代“阮”与“原”音相通。早期，来自大夏之西的部分阮姓先人沿黄河流域进入河套平原，在今包头市五原县一带建立九阮城，后发展成九阮郡，部分阮姓后人融入当地，成为北方少数民族。公元前 340 至前 295 年，九阮城被赵武灵王赵雍所囊括，由此成为赵国边陲。据考，九原阮其实就是阮姓分支，九阮也是阮氏古郡望之一。

（二）少数民族融入说。姓氏历史悠久，经过长期发展、融合、演变，产生出许多不同姓氏甚至族群。不可否认，阮姓后胤中也有此类融合现象产生。经过梳理发现，阮氏在民族融合过程之中，并未出现过大量新群体，或者产生明显的支派。没有新的流派产生，不能作为阮氏源流体现。

（三）复姓改单姓说。这种说法认为，越南阮朝国姓阮福氏，原本为复姓。据越南古籍《大南实录》及《大越史记全书》《越南通史》等文献记载，不难发现阮福氏祖上其实都为阮姓，并且载明其祖源自华夏中国。建立越南阮朝的第一代皇帝阮福映，有资料表明他自称华族，祖上来自中国。

安南（越南）广南国第一代阮主阮淦（为阮福映先祖），阮淦长子阮汪、次子阮潢皆为单阮姓。因此说明阮福氏系阮氏之裔。阮潢之子阮福源（广南国第三代阮主），何时采用阮福氏，见阮朝国史《大南实录·熙宗孝文皇帝实录》载："始称国姓，为阮福氏。"关于为何改为阮福氏，历史没有明确记载，根据传说有两个比较客观的理由：首先言明是为了彰显王族姓氏而改变。当时，因为安南（越南）的部分阮姓，是经过朝代更迭而改姓的。1225 年，安南李朝的顾命大臣陈守度，建立陈朝。因担心李朝贵族复辟，借口李氏与阮氏系出一脉，让所有李姓族人改为阮姓。推翻陈朝的胡朝效仿陈守度，让陈姓改为阮姓。莫朝推翻胡朝政权，亦效仿前朝，将贵族改为阮姓。之后，凡朝代政权更迭当政贵族均改成阮姓。因此，导致越南阮姓人口急剧增加。

广南阮主为了彰显王室家族阮氏，以区别由改姓而来的阮姓人员，标新立异地创立了阮福氏。至于为何加的尊显"福"字，根据越南多部古籍及许多民间谱书记载，标明阮朝阮主为闽人，但未载明依据何处。多年前，福建三明山区一小山村中，发现有越南皇族的复姓阮福氏，了解到这个村阮姓人都有两个名字，其中一个谱名就是阮福氏，据阮氏村民回忆，祖上是来自越南的王子，越南阮氏把长子派回家乡传承的。据说江西也发现有阮福氏。因此推测，阮朝阮主祖上来自福建，可能是为了纪念来源地，加个福字而形成阮福氏，具体缘由有待进一步考证。

商末，西岐西伯侯姬昌借密须国侵阮，出兵伐密。周文王三年，姬昌率军灭了密须国。据《诗经·大雅·皇矣》记载："帝谓文王：无然畔援，无然歆羡，诞先登于岸。密人不恭，敢距大邦，侵阮徂共。王赫斯怒，爰整其旅，以按徂旅。以笃周祜，以对于天下。"周文王率部吞并阮国，阮国贵族约定以国名为"氏"延续发展。《姓氏寻源》卷二十八《阮》云："殷有阮国，在岐渭之间，文王侵阮是矣，子孙以国为氏。"郑樵注云："商诸侯国，在岐、渭之间。周文王'侵阮徂共'，见于《诗》，子孙以国为氏。"周武王时期，为彰其天子洪德，安抚夏、商王朝后胤民心，曾大兴封国，阮氏于是成为周朝封国（阮邑），原阮国君主阮僖不愿事周而选择遁世隐居。周成王十六年（前 1027），封阮僖之子阮闇为大夫，成王命其"仍邑于阮，以其主，祀阮邑"。据《阮氏宗谱》记载，在东、西周间，由阮闇始至阮肥子，阮邑大夫共传十五代。春秋时期，阮邑在西戎部族等强邻侵扰下，封地不断地被侵占、分割，被迫逐渐东移。至战国初期，为秦国所吞并。阮邑大夫阮肥子尽忠弃邑，义不事秦，为避免战乱和仇杀，率阮氏族人东迁至陈留郡，后裔分散到各地。

第二节　中原迁徙

阮姓受封食邑于大夏之后，经过长期发展，部分先人开始向外迁移，起初沿黄河流域进入河套平原，在今包头市五原县一带建立九阮城，后发展成九阮郡。据考证，部分阮姓后人融入北方少数民族。另一部分阮姓先人继续沿黄河向南入山西太原等地繁衍发展。早期阮姓先人在当地发展成望族，所以阮氏族人立“太原郡”为阮姓郡望。太原郡阮姓后代可能融入当地族成为其他姓氏，目前只有少数阮姓后裔生活在太原郡。殷商时期，阮姓先人进入岐渭之间定居，成立阮国。阮氏家族历经数世纪之繁衍迁徙，最后在陈留郡发展，成为望族。因此，阮姓形成三个较早的郡望：即九阮郡、太原郡和陈留郡。现对三郡略作介绍如下：

一、九阮郡：战国时期为林胡之地（即北方游牧民族所居之地），乃赵武灵王赵雍所囊括。赵武灵王赶走林胡，吞并北狄分支楼烦，夺得大片优良牧场，成为北方草原霸主，九阮遂成为赵国边地。秦始皇统一六国后，将九阮设置为一个大郡，辖境包括今内蒙古自治区乌喇特旗、茂明安旗之地，郡治故城在今内蒙古包头市五原县。汉初，高祖刘邦改九阮郡为九原郡。到汉武帝时，更名为五原郡，郡地南扩面临黄河，北背祁连山，境域辽阔。

二、太原郡：亦称太原府。战国时期秦国庄襄王四年（前 246）置郡，治所在晋阳（今山西太原），辖地在今山西省五台山和管涔山南部、霍山北部一带。北魏时期辖地在今山西省阳曲县、交城市、平遥市、和顺县之间的晋中一带。隋朝改晋阳为太原，又另设晋阳，与太原同城。唐太原府亦在此地。宋太宗太平兴国（976—984）中，改并州为太原府，移治阳曲（今山西太原）。其后宋朝、金国为河东路、河东北路，明、清两朝皆为府。民国时期设市，系山西省会所在地。

三、陈留郡：春秋时称留邑，为郑国地，后为陈国所得，故称陈留。据史料记载："秦王政二十六年（前221）置陈留县，户二十九万六千二百八十四，口一百五十万九千五十。"汉武帝元狩元年（前122）置陈留郡，属兖州，在"洛阳东五百三十里"，治所为陈留县（今河南省开封市东南陈留陈城），郡下辖尉氏、雍丘、酸枣、封丘、东昏、己吾、小黄、成安、宁陵、襄邑、外黄、长罗、傿、长垣、平丘、济阳、浚仪等十七县。

东周末至秦代，随着秦王并吞六国，华夏一统，百姓得以休养生息。百姓由逃避战乱而迁居演变为明确的、有目的的迁徙，慢慢形成各宗族特有的发祥地。阮氏从战国至秦末两百多年间，为躲避战乱，各地族人主要往陈留郡方向聚集，聚族而居，繁衍生息。此间，部分阮氏族人进入河南南部周口、固始一带。秦至两汉时期，阮氏族人遵从始迁祖阮肥子教诲，选择隐居避世，开启归隐田园、耕读传家模式，历时四百多年。在此期间，阮氏族人鲜有官宦人士出现，以至载入典籍的阮氏人士仅有五人。阮氏族人虽经数百年不重仕途，但阮氏家族耕读习儒之风从未间断，尊儒重教传统世代相传。随着汉朝政权发展，陈留郡区位战略优势凸显出来，东汉后期，地方门阀势力日益强盛，地方门阀与朝廷争相抢夺社会人才，地方名士成他们的争夺对象，阮氏有社会声望的名士也成为朝廷或门阀士族的拉拢对象。

汉朝末年，由于朝廷衰弱，阮氏族人定居在陈留尉氏一带的，已成为当地望族。陈留阮氏家族的崛起并非以投靠政治门阀作为发展基础，而是通过几百年的耕读传统，吸收诸子百家的文化思想，形成以儒家思想为主旨的阮氏家风与家族文化。阮氏家族秉持“忠君爱国”思想与“淡泊明志”理念传统，以忠、孝、礼、义、信等传统美德教育子孙，并将之作为祖训世代传承。所以，阮氏族人饱含家国情怀，其忠贞弘毅的家族传统，也赢得社会尊重，成为名门望族。魏晋时期（220—317），陈留阮氏的政治地位和社会名望都得到迅速提升，载于史籍中的阮氏人物也逐渐增多。陈寿《三国志》记载有十多位阮氏人士。据马守印《魏晋陈留阮氏家族研究》统计：“在魏晋至南朝间，名载典籍的阮氏就多达三十三位，独自立传的有十人，三十人均载有仕宦之经历。其中，金紫（左右）光禄大夫三人，散骑侍郎五人，太守八人，刺史四人，太子中舍人、太子少傅、太子庶子、太子洗马等六人，还有将军、相、步兵校尉、县令等若干人。”当时陈留阮氏堪称“士门望族”。郑樵《通志》云“阮氏惟盛于晋宋”，指出阮氏在晋宋鼎盛的事实。在讲究门阀制度的魏晋时代，阮氏由不知名的“儒学世家”转变为“累世为官”的名门望族，成为新士族，被称为“中州士族”。阮氏家族在历史上不是以政治地位和军功传世的，其声望主要来自独特的家族传统——“儒学世家”。东汉后期开始，阮氏族人逐渐进入仕途，并出现在朝议、镇守之列。晋末“永嘉之乱”政权东移，建武元年（317），司马睿称制，江左建康（今南京）成为政治中心，史称东晋。大批官宦、中原士族也随着东晋政权迁至南京，史称“衣冠南渡”，阮氏士族也相继进入江左地区。

阮氏族人“忠贞弘毅”的家族传统，体现在历次朝代更迭之中，阮氏士大夫们皆表现出“淡泊名利”，坚贞不屈的凛然正气，这是阮氏的家族传统。阮氏族人不向权贵低头，不与恶势力同流合污，凭借政治智慧逃避凶险的社会，“现实”与政治斗争，如阮瑀、阮籍、阮孚、阮裕等人都拒绝功名利禄的诱惑不向权贵低头。“建安七子”之一阮瑀，在汉亡时，为拒曹操征召，躲进深山，引曹操烧山相逼；“竹林七贤”

之首阮籍为避免卷入司马氏集团争斗，躲进竹林与文友聚会，采取蔑弃礼法对抗名教的愤激态度，自贬儒士形象，借酒放浪形骸，以表达对虚伪政治的抗争；“兖州八伯”阮孚，为躲避颍川庾氏与琅琊王氏的纷争，纵酒自求疏放广州，任广州刺史督交、广、宁三州军事；“江左名士”阮裕初为王敦主簿，后发现王敦有不臣之心，便终日酣饮，借酒废职，最终得以隐居会稽剡县（今嵊州），成就江左阮氏望族美名。陈留阮氏家族在文化、思想方面也一度发展达到高峰。以阮籍为代表的陈留阮氏家族在魏晋时代有着特殊的社会地位，并且是一个名士辈出的家族，主要代表人物除了“建安七子”阮瑀，“竹林七贤”阮籍、阮咸，“兖州八伯”阮放、阮孚，“江左名士”阮裕以外，还有阮谌、阮武、阮炳、阮略、阮浑、阮修、阮瞻、阮简等族人。他们对历史的贡献不在于政治上的建功立业，而在于其独特家学家风对当时社会风尚及文学艺术的影响。他们放任自然行为，推崇玄虚高远的玄学精神，反抗礼教、肯定自我的个性追求，其文学艺术上的成就在中国文化史上有着不可忽视的影响。

第三节　海内外传播

阮氏家族在历史上号称“衣冠士族”，永嘉之乱自河南陈留南迁至江左南京，是为南迁世家之一。南朝刘宋初年，阮弥之三兄弟入闽为官，隋唐以后，阮氏后裔逐步分散迁往闽中各地开基，如漳州、泉州、兴化、福宁、延平、尤溪、仙游诸州县，福州所属有古田、长乐、罗源、尤溪等县。福州东郊则集中在前屿、后屿、阮洋（俗称远洋）等地。根据琉球阮氏族谱记载，始祖阮国（号我莘），于嘉靖四十五年（1566）出生于龙溪县；万历二十二年（1594）后，多次往返中琉之间；万历三十五年（1607）受朝廷批准入籍琉球，以士族身份入居久米村。其后裔不忘开基祖，坚持400多年回乡祭祖活动，当代更组织有“阮

阮公祠

氏我华（即莘）会”；20 世纪 80 年代以来多次携带《阮氏家谱》寻根到漳州龙海角美，拜谒祖庙“世德堂”。同时，还访问了福州阮公祠、泉州阮氏祠堂、海澄（县）月港阮氏宗祠。

一、江浙、皖及湖北

郑樵《通志·氏族志》认为，阮氏起源于阮国，是商朝偃姓诸侯国的后代，最初生活在“岐、渭之间”，周文王时曾“侵阮徂共”，随周王朝东迁，后来东汉建都洛阳，阮姓中一部分人或一个家族也从其发源地泾渭流域，迁往今河南省境内，最晚至东汉末年已定居陈留郡。陈留阮氏在魏晋时期成为人们羡慕的名门望族，其后形成的江左、岭南等地甚至海外的阮氏族群大多数出自陈留阮氏。

晋建武元年（317），建康（今南京）成为东晋朝首都。晋室南渡后，江左便成为全国政治与经济中心，其地域大致范围包括今皖南、苏南、上海、浙江和赣东北地区。此时，阮氏在皖南、苏南、上海、浙江和赣东北地区都有活动记载，证明阮氏族人遍布江左地区。西晋末“永嘉之乱”导致中原汉人世居之地被少数民族入侵，民族融合由此产生。中原士族纷纷南迁避乱，在这次人口大迁移中，陈留阮氏中的一部分人也随之东迁，作为“中州士族”的阮氏随着晋政权迁入江左地区。当时，阮氏族人中以阮浑、阮瞻、阮孚、阮修、阮放、阮裕等作为官遣人士迁至江左各地就职。其他族人也先后迁入江左地区生活，并繁衍发展，形成继陈留郡之后阮氏又一望族，世谓“江左郡望”。

东晋至南朝间，阮氏家族先后仕宦者达三十多位，其中阮裕家族最为显赫。阮裕，字思旷，系阮放胞弟，历任大将军王敦主簿、溧阳令，咸和初任尚书郎，后任王舒抚军长史、临海太守、东阳太守、散骑常侍、国子祭酒、金紫光禄大夫等职；后定居会稽剡县（今嵊州）。郑樵《通志·氏族志》认为，阮氏在南朝刘宋最繁盛的一支就是阮裕的后代。阮裕后代在南朝时期“累世为官”。《晋书·列传第十九》载：

阮裕有三子，即阮佣、阮宁、阮普。阮佣，字彦伦，官至州主簿；阮宁，历任鄱阳太守、黄门侍郎；阮普，曾任骠骑谘议参军。阮裕之孙有阮歆之、阮腆、阮万龄、阮长之等。阮歆之，阮佣子，历任御史中丞、中领军；阮腆，阮宁长子，曾任秘书监；万龄，阮宁次子，历任秘书监加给事中、太常、相州刺史、东阳太守、散骑常侍、金紫光禄大夫等职。阮长之，字茂景，历任诸府参军、武昌太守、车骑从事中郎、临海太守等职。阮裕曾孙辈有弥之、永之、仁之、师门、谦之等。阮弥之，歆之长子，历任诸府参军、员外散骑侍郎、庐陵王义真车骑行正参军、平越长史、东莞太守、尚书殿中郎、武昌太守、车骑从事中郎、太子中舍人、中书侍郎、临川内史等职。阮师门，长之子，原乡令。谦之，阮放曾孙、弥之从弟，仕郡功曹，迁奋威将军。阮裕玄孙有阮韬等。阮韬，字长明，晋金紫光禄大夫裕玄孙也，官至散骑常侍、金紫光禄大夫，齐永明二年（484）卒。经过魏晋南北朝时期迁移，陈留阮氏大致形成了以江左（主要是江浙及安徽部分地区）、江右（安徽、湖北、江西），以及七闽与两广为中心的几个集中分布区域。隋唐以后，阮氏人口在这几个地区的基础上继续向四周迁移（主要在长江以南扩展），不同的历史阶段又有不同的特征。史籍中虽然没有关于阮氏迁移的详细记载，但从一些零碎的史料也可大致推测出当时阮氏迁移的主要方向。首先，阮氏迁移的主要方向为长江中下游的江浙地区。

在会稽地区，阮氏家族发展为当地大族。史载阮咸子阮孚在永嘉之乱后“避乱渡江，元帝（司马睿）以为安东参军”，“明帝即位，迁侍中”。（房玄龄《晋书·阮孚传》）阮籍从子阮修在“避乱南行”途中遇害身亡。至东晋成帝咸和年间，阮裕被除授尚书郎，“时事故之后，公私弛废，裕遂去职还家，居会稽剡县”。（房玄龄《晋书·阮裕传》）阮裕乃阮籍从孙，此时并非旅居建康，而是举家迁居到会稽剡县（今嵊州）。《宋书·阮万龄传》说，阮万龄是“陈留尉氏人”，又言“阮万龄家在会稽剡县”。南朝宋永初年间，他“自侍中解职东归”。（沈约《宋书·隐逸传》）这些记载在一定程度上说明，魏晋南北朝时期，陈留阮氏在政治中心东移及人口迁徙的大潮下向东南迁移。东晋时已有部分阮姓族人居住在会稽，至南北朝时期，会稽已成为继陈留之后阮姓族人的又一个发祥地。此外，史载南朝宋权臣阮佃夫为“会计诸暨人”（李大师、李延寿《南史》），《越州阮氏宗谱》言刘宋诸暨隶会稽。阮佃夫实乃会稽阮氏之先导。南朝梁武帝妃子、会稽余姚人石令嬴，因生下元帝萧绎被拜为修容，赐姓阮；大概也是因为石令嬴是会稽人，而会稽阮氏又是从陈留迁来的名门望族的缘故。石令嬴赐姓阮，也说明到南朝梁时，迁移到浙江会稽的阮氏名望依旧不减当年。

浙江金华武义县的阮氏家族相传为阮孚后裔。阮孚字遥集，晋尉氏（河南县名，属开封）人。他的叔祖是阮籍，父亲是阮咸。他的叔祖及父辈都是与司马氏政权采取不合作的态度，这也深深影响了他。西晋时，他曾辟任司马氏皇朝太傅府军职，迁骑兵属。避乱渡江到建康（今南京），在东晋元帝司马睿（317—323）朝任安东参军。咸和二年（327），朝廷派他出任镇南将军，总督交、广、宁三州军事，领平越中郎将、广州刺史。他从建康出发后，中途弃职，隐居武义明招山。另据南朝宋郑缉之的《东阳记》载：“晋陈留阮摇公之弟，妻刘氏，伶之小女，性爱山水，渡隐于此山（白阳山）。”文中的“摇”，后来有关史籍记为“瑶”。康熙《武义县志》卷七《人物》所载：“刘伶女嫁遥集之弟，雅好山水，渡江隐然邑之白阳山。”据此推知，阮孚应该还有弟名阮瑶，携妻（刘伶之女）徙居武义白阳山。阮孚、阮瑶定居武义，后裔衍成族群，到唐天授年间已成大族。《武川陈留阮氏宗谱》称：“武邑开创初，首称八姓，而阮氏为诸姓最远。”明嘉靖《武义县志》卷五阮孚葬婺条记述：“叶水心作长潭王氏墓志铭，有云：‘严子陵葬越，墓侧皆严也。’阮遥集葬婺，山旁皆阮也，彼非贤者之裔胄邪。”

武义阮族后裔中不乏才俊。阮鸿，历官修武郎等职。为人乐善好施、恤匮周穷，辞官后回武义清溪，常游崇教寺，向该寺捐赠良田甚多，颇有阮孚遗风。阮炜，宋嘉定年间进士，授江西提刑干办。阮让，曾任福州古田教授，阮励任福建顺昌知县，阮敬任福建武平知县，阮端为承信郎，阮良任杭州助教，阮洵、阮修为乡贡进士。阮葵，隐居清溪读书，为当地兴修水利、筑路，并利用荒地种桑，习中医为邻里看病施药，扶贫济困，排解里人争执，宣讲“义利之辨”，其子阮泰发，拜吕祖俭（谦）为师，受人称颂景仰，陆九渊学生袁燮曾为其撰写墓志。

晋永嘉年间，阮氏子孙太子舍人阮瞻，内迁洛阳铜驼巷。南北朝时阮氏出过宣抚使、谏议大夫，隋朝时出过御史大夫，唐朝时出过左仆射。宋太祖时，阮储任巡抚，后被封为宋靖公。阮储是《洛阳阮氏宗谱》所记载的阮姓始祖。阮储七世孙阮道夫，字惟凝，南宋开禧年间（1205—1207）曾在绍兴为官，受民爱戴，因家于会稽藕芽池（今绍兴市儿童公园东侧），遂被尊为越州阮氏始祖。元时，阮道夫三世孙阮直，字叔绳，德祐二年（1276）因元兵驻钱塘江沙上，常渡江骚扰，遂由郡城藕芽池迁居海滨称山之麓沽渚，并建阮氏宗祠。

数百年来，阮氏家族人才济济，出类拔萃者多有。据民国《台湾阮氏宗谱》载：“三千一百年前，甘肃泾川出现一个既飘逸，又高洁的家族，至今仍然声名卓著之阮氏。”历史评价阮氏人物多为高风亮节、超凡脱俗之谦谦君子，然而阮氏家族忠义热血之士亦不绝于史。魏晋时陈留之阮氏，玄儒并举、风雅超然，丝毫不逊南朝之王、谢家族。“建安七子”“竹林七贤”之风流余韵，竟成为千古美谈。“江左八隽”更把魏晋陈留之风雅，在江左大地上继续发扬光大。

二、闽中、两广及台湾地区

五胡乱华及黄巢之乱以后，阮氏在南朝与隋唐间，更多是向福建及两广地区迁徙、扩散。周代始称福建为“闽”，“七闽”最早见载于《周礼·夏官·职方氏》，系由七支以蛇为图腾的闽族后裔部落组成的方国，遂称为“七闽”。据《周礼疏》记载：“叔熊居濮如蛮，后子从分为七种，故谓之七闽也。”七闽区域范围包括今福建全境、广东潮汕梅州地区、浙江温州衢州、江西婺源抚州等地区。时代变迁，福建的别称由“七闽”演变成今天的“八闽”，辖区范围亦有变化。阮氏入闽始于南朝刘宋元嘉二年（425）。东晋末，阮弥之（？—436）原籍江左会稽剡县（今嵊州），历任诸府参军、员外散骑侍郎等职，所任之处多留政声，深受朝廷器重，因此地位显赫。《晋书·阮裕传》载：“佣，早卒。宁，鄱阳太守。普，骠骑谘议参军。佣子歆之，中领军。宁子腆，秘书监。腆弟万龄及歆之子弥之，元熙中并列显位。”时交州屡受叛军侵扰。刘宋初年，朝廷委阮弥之出任交州刺史，镇守南疆。本节据有关史料，论述福建阮氏有关历史名人，并对各宗支入闽始祖，分迁情况略作介绍。

1. 阮弥之，原籍江左会稽剡县（今嵊州），南朝元嘉二年（425）奉政入闽，出任昌国郡（今福州）太守。同时入闽的还有阮弥之的两个兄弟：阮仁之与阮永之；他们继阮弥之之后担任晋安郡太守，阮仁之元嘉九年（432）任，阮永之元嘉十五年（438）任。关于两兄弟事迹及后裔分布情况，文献没有相关记载，成为历史缺憾。阮弥之后裔主要定居在福州城东郊钱屿墩（今前屿）与莆田、仙游、尤溪、德化、连江等省内多地，以及国内台、港、澳与东南亚印尼、越南等海外地区。

2. 阮大旻，名谐，字定谟，江左人，系阮弥之的从侄孙。刘宋元徽三年（475），随兄阮大彰（谱记任太守）入闽，并教学于乌石山阮弥之所创办的学堂。隋唐初年，阮大旻后裔迁莆田崇菜乡，为阮氏入莆始祖。另据《阮氏族谱》记载，约在唐太和年间（827—835）阮琼入莆居崇菜乡。开平元年（907），阮大旻裔孙、阮琼之孙阮宁之（字安所）出任邵武教谕，后辞官定居绥安（建宁县）左家巷。后裔分衍闽西、闽北多数县市；省外浙、赣、湘、川、两广、台湾地区，以及东南亚印尼、越南等地方。

阮弥之塑像

3. 阮晏，字永安，行十五，河南光州固始浮光山人，唐咸通九年（868）阮晏奉命管押钱粮入闽支援征蛮，途经闽海受阻，徙居福安察阳溪东（今福安市城阳镇溪东村），十年后迁居灵岩（又称龙岩，今之福安市城阳镇龙潭村）。阮晏后裔主要分布在福安市潭头镇、上白石镇、社口镇、城阳镇、坂中乡、松罗乡、穆云乡、溪潭镇和福安城关等地。还有部分迁居福安周边县市与国内浙江、台湾等地区，以及美国、日本、新西兰等国家。

4. 阮严，字国威，行三，河南光州固始人，唐咸通进士，曾任荆南节度判官、光禄大夫，太子太傅。季子阮能，字仲仁。阮严于后梁乾化二年（912）保皇眷及唐颖王（后称唐岳王）李柞入闽，卜居周宁阮家洞。后裔分布闽东各县及连江、罗源等地。

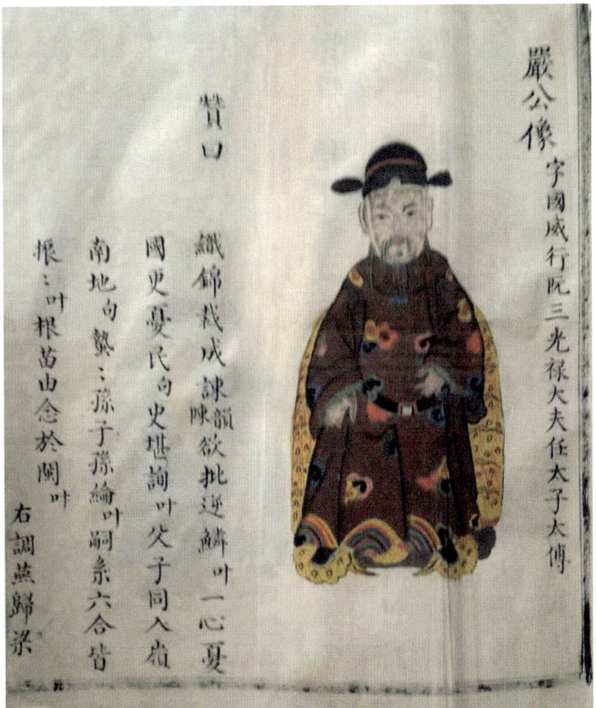

阮严画像

5. 阮能，字仲仁，又字文智，系阮严之子；河南光州固始人，唐节度使，官封国公京畿，娶吴氏十七安人。阮能生七子，全部参加王绪起义军，继随王潮、王审知兄弟，由南康抵临汀，陷漳浦，取泉州，过兴化，于唐景福二年（893）入福州。王审知受封为闽王，阮能七子各授官，显于闽。长子希颜， 兴化太守；次子希郡，福州太守；三子希畋，泉州千总；四子希磻，漳州太守，其子少春，罗源县令，迁罗源鳌峰岭樟溪；五子希袭，为闽王驸马；六子希实，为闽王随驾统领；七子希邵，任侍御使。后裔分布闽东各县及连江、罗源等地。

6. 阮直卿，唐广明元年（880）避黄巢乱自淮阴入闽，定居古田富洋。后裔分衍福安溪柄、坂中等地。

7. 阮资，唐广明元年（880）因避黄巢之乱，随王审知入闽，在福州南街安身立家。阮资生二子：长曰宸，次曰育。其九世孙承祚在宋真宗大中祥符年间登进士，授谏垣，历官至荆兖采访使。宋仁宗明道、景祐间（1032—1037），承宗、承运二迁长溪县杯溪龙湖安家，为杯溪始迁祖。承宗字主敬，号东山，娶福州李氏，生子二：长曰烘，次曰焕。承运字用敬，号东溪，于八年后迁回福州。后裔分衍霞浦盐田、杯溪、龙湖等地。

8. 阮溪渊，河南固始人，任唐朝奉政大夫。唐广明元年（880）随王潮、王审知兄弟自光州入闽。唐光启元年（885），阮溪渊定居在漳州龙溪县石美埭头社阮厝（今漳州市角美石美埭头村），以“世德堂”为号立家祠。后裔分衍漳州一市八县五区、泉州南安、安溪、平潭综合试验区、福清等地；国内广东、广西、台湾等地区；以及美国、东南亚印尼、越南等地。

9. 阮定四，宋景定元年（1260）避难由江西广信贵溪县八都入闽，居十三都长沙渡。后裔分衍福鼎秦屿、吉坑、佳洋、郭洋、太阳头村等地。

10. 阮朴奄，南京人，宋末袭永宁卫指挥使入闽，居泉州。子孙迁居厦门，泉州晋江、安溪等地。明洪武年间（1368—1398），阮法旺四兄弟由安邑长洲（今四川安县）迁居永春县桂乡新岭村，后裔迁居光泽十八都尧坪村、崇安县石雄里大安源等地。

另有记载，梁山泊阮氏三雄后裔，于元末明初避难入闽。居厦门、龙海石码等地，以捕鱼为生，后裔有迁入越南者。两宋时期，福建阮氏已发展成区域望族。建州阮氏有阮思道、阮昌龄、阮中度、阮逸、阮述等先贤；莆田阮氏更是人丁兴旺、人才济济，其间出现有连续十几世进士的家族。据不完全统计，宋代莆田阮氏共出现四十多位进士，各类社会人才更是不计其数，有如阮沂、阮骏、阮汝龙等成为阮氏家族骄傲。据《莆田忠孝堂阮氏族谱》记载，宋咸淳丙寅年（1266）三月，文天祥因事经过莆田，拜谒同科进士阮汝龙，参拜了仙游金沙宗祠、莆田西山阮氏宗祠，阅览阮氏族谱，并为阮氏宗祠题联："大中丞观象贻谋累叶，官勋昭图史；烈留守捐躯报主有源，家学洒宸章。"他为莆田阮氏族谱撰序，盛赞道："余固羡阮氏之远谱传世之远，尤羡其忠孝传世者，为尤远也，固重其可以尊祖睦族为一家之宝，尤重其可以风天下成至治，而为天下之公宝也。"闽东阮氏亦人才辈出且极具风采：唐末有阮晏、阮严、阮能、阮直卿等闽东阮氏肇基诸祖，披荆斩棘创业，奠定一代又一代闽东阮氏辉煌；有阮少盛、阮大成、阮满（世隆）等先贤们所遗留的历史功绩。闽东人杰地灵，阮氏尤为人丁兴旺，是福建阮氏的骄傲。宋绍兴二年（1132），韩世忠出任福建、江西、荆湖宣抚副使，率师三万水陆并进，入闽镇压建州范汝为民军动乱，途经宁德，造庐拜访阮大成，留有《奉诏讨范汝为过宁德西坡访阮大成》诗："万顷琉璃到底清，寒光不动海门平。鉴开波面一天净，虹吸潮头万里声。吹断海风渔笛远，载归秋风落帆轻。芍陂曾上孤舟看，何似今朝双眼明。"并为漳湾阮氏宗祠撰作"海国斯文地，宁阳风节家"一联。南宋咸淳元年（1265）乙丑科榜，出了位阮氏历史上唯一的状元阮登炳，更为阮氏历史增添一道浓墨重彩。明清时期，在国家、民族危难之际，福建阮氏涌现出大批可歌可泣的时代英烈及革命志士，其中有阮进、阮美、阮骏、阮旻锡、阮玉、阮春雷、阮钦为等，还有阮嗣、阮琳、阮升基、阮复与等名人。近现代，还有许多阮氏子弟在抗日战争及解放事业中做出贡献，如阮山、阮英平、阮家金、阮在永、阮吴润、阮朝兴等。现在依然奋斗在祖国建设岗位的优秀阮氏族人更是不胜枚举。

阮氏入闽后大致分布在宁德漳湾、古田、福安、福州鼓山、罗源、莆田仙游、泉州晋江、漳州龙海、石码，厦门等地。从东晋开始，北方士族不断渡江南迁，包括阮氏在内，散布在南方许多地区。

南朝时，阮氏名贤如阮万龄、阮长之、阮静、阮研、阮孝绪、阮卓等均官居高位，显名于世。这些为官各地的阮姓族人可能携家带口居于住所，久之，有的就移居当地。如南朝宋文帝元嘉年间，阮谦之随从兄阮弥之征讨林邑王杨迈，凯旋之后，其子孙从此定居广东遂溪（汉属徐闻县，唐改遂溪，属雷州），故史载阮谦之为“徐闻人”。查广东始迁祖是谁，尚无明确记载，其族谱，多说先人于宋度宗咸淳年间（1265—1274）因朝廷失纪，惧祸株连，由南雄珠玑巷迁来。亦说同时有由该地迁往广东冈州（即今江门新会市）的。查粤中各县之阮氏，大都奉阮石麟为太始祖，谱载石麟于宋度宗咸淳九年（1273）由南雄珠玑巷迁来冈州；而粤西地区，多地族谱记载，阮姓太始祖是福建兴化莆田县珠玑巷人。阮庚于明朝洪武二年（1369）入籍广东增盛。阮葵生二子，长子凤茂（凤竹），次子凤琳。凤琳于明朝正德十一年（1516）入籍高州曹江阮村，娶刘氏，生福成、福寿、福佑三子，从此生生不息，人丁兴旺，死后葬于阮村东面马长垌西山根竹岭，坟曰“蚁坟”。约在明代末年，阮村经历一次兵火之灾，阮姓族人四散逃生，来不及逃生者惨遭杀戮，房舍被焚。潮汕地区多为莆田阮氏后人，从宋、元、明、清各朝代先后由莆田迁入。元代，阮丰道（福建建阳人，进士）

入琼任文昌县正堂，后定居文昌，为海南阮氏始祖。

此时，与福建一水之隔的台湾岛也出现阮姓族人活动的记载。阮氏迁入台湾，绝大部分是在明、清时代，以福建漳州、泉州者为多，少数是在 1949 年跟随国民党撤退迁入。据《台湾省彰化县阮姓宗亲会成立纪念特刊》显示，明末清初徙居福建、广东之陈留阮氏为避战祸东渡台湾，从事垦荒或镇守海防。明末，阮骏（？—1656），字季友，行四，又称阮四，福清县海坛镇玉屿村（今平潭苏澳镇民主村）人，南明时期，随叔父阮进、阮美保卫鲁监国政权，从浙东至福建沿海一带，官左都督总兵，挂英义将军印。清顺治八年（1651），清军进攻舟山，张煌言、阮骏等守北线。舟山沦陷，扈从鲁王退至思明（厦门），封英义伯。后归郑成功，授水师前镇。顺治九年五月，郑成功准备进攻潮州，命阮骏与后镇围堵泉州港；顺治十年五月，清军进攻海澄，阮骏率军阻截，郑军取得海澄大捷。是年，阮骏与张名振一道率师征战崇明、镇江等地；顺治十二年，郑军收复舟山，阮骏由定海港攻城，并镇守舟山。顺治十三年三月，阮骏侦知清军将组织进犯舟山，遂向郑成功乞求增援，郑成功命张洪德、马信协守，三月二十日，收复健跳所（今台州三门县健跳镇）；八月二十二日，清宁海大将军宜尔德、提督田雄率大军再次进攻舟山，阮骏率领舟师迎战，至二十六日，清军发起全力进攻，总制陈六御、总兵张洪德、张晋爵、李廷选、阮凯、姜英等阵亡，阮骏奋战不敌，伤重而亡，舟山遂再次沦陷。清廷下令，舟山移民毁城。郑成功闻讯痛惜，下令优恤阮骏遗孀（郑氏）及幼子。后阮骏夫人与幼子随郑经退居东宁（今台湾台南市），郑经于宁靖王宅邸后方建宅供其居住，今为台南市万福庵（阮夫人寺）。

清康熙年间，漳浦下魏人阮文，任厦门水师中营参将，进驻台湾，后裔居住台南，今人口 4000 多人。雍正七年（1729），时年 44 岁的阮嘉尚携带 8 岁儿子阮厚德及养女，从泉州府南安县二十七都英内上堂乡迁台，入垦于诸罗县笨港（今云林县北港）奄猪社（今名沟皂里），奉其先父阮克环为一世祖。阮厚德生有五子：文尧、文亨、文喜、文意、文祥，各立一房派，即所谓阮氏五大房。乾隆五十年（1785），文尧兄弟五人相率由笨港移居彰化县半线堡仔庄（今和美镇嘉犁里），子孙繁衍，遂成一大宗族。随着社会变迁，阮氏子孙已从嘉犁里迁出，但阮氏仍保留着良好的传统，积极举办祭祖仪式。日据末期，日据政府为了消灭汉人宗族意识，于是有征收祭祀公业之议。彰化县和美镇阮氏族长召开族亲会议，商定以先祖遗下产业建家庙，阮氏宗祠就此建成。后来为响应中华文化复兴运动，台湾阮姓欲筹备组织中华阮姓宗亲会。1971年，阮姓族人开始筹备工作，利用全省各地阮姓参加宗祠春秋祭典时开展筹备工作。1973年，台湾阮姓发起募款，利用彰化县和美镇嘉犁里阮氏古老四合院前落，整修成为合省阮姓宗祠。1977年编纂成《阮氏宗谱》，标志着台湾省阮氏联宗完成。台湾阮氏其族亲共有75宗支，来自福建的有67个房系，其中祖籍漳州府的有35个房系，分布于台北县市、宜兰县、苗栗县、台中县市、彰化县、南投县、云林县、嘉义县、台南市、高雄县市、屏东县、台东县等地。根据《台湾地区阮姓宗祠地第100次祭祖纪念特刊》记载，台湾阮氏人口在台湾1694个姓氏中排行第93位。

三、越南、日本、琉球及印尼等地

随着南方地区的不断开发，阮氏族人大举南迁与东移，逐渐向长江两岸、西南、浙东、岭南等诸地区播迁，并开始向海外拓展。阮氏后裔的足迹遍及越南、日本及东南亚各国，其中影响最大的莫过于越南。阮姓是越南第一大姓，且源远流长、人口众多、分布辽阔。越南全国阮姓约有3576.23万，约占总人口的39.8%。阮氏族人在越南历史的政治、军事舞台上，业迹彪炳。越南阮氏源出于中华阮氏，中华阮氏族谱多有记载阮姓举族迁往越南（史称交州、安南）的史实，在一些地区尚存关于阮氏迁往越南的传说与遗迹。

西汉时期，越南地域大部分属汉朝的交趾郡。东汉时期，越南属中国的交州刺史部，分为交趾郡、九真郡和日南郡，由汉中央政府派遣郡守管治，一直延续到隋唐时期。

中华阮氏迁入安南有两条干线可循。一是为官就任，或为躲避战乱，如五胡乱华、隋杨素大军平百越地、宋末元初战乱争等。二是合族南迁，由南方进入交州。阮氏第一次大规模南迁的浪潮在两晋南北朝时期，岭南尤其是珠江流域因此得到进一步开发，经济有了相当大的发展。两晋之际为躲避战乱及随政治中心东移而迁来的江左阮姓族人，并未因此过上平静的生活。南朝，宋、齐、梁、陈虽建都建康，但其政权更迭频繁，统治者内部争斗激烈，农民起义此起彼伏，使得人人自危。相比之下，远在岭南的广州、交州地区因远离战乱，成为了理想的避难之地。为了远离战乱，一部分阮姓之人纷纷请求外任，其中作为封疆大吏派驻越南的有不少。据史料记载，陈留阮氏最早派驻越南的官员为阮孚及其族弟阮放。

阮孚放纵不羁，酷好饮酒，于东晋成帝咸和年间（326—334）任丹阳尹，当时主幼时艰，“太后临朝，政出舅族”，阮孚心知大乱将至，谓所亲曰：“今江东虽累世，而年数实浅。主幼时艰，运终百六，而庾亮年少，德信未孚，以吾观之，将兆乱矣。”适逢广州刺史去世，“遂苦求出”，于是除授“都督交、广、宁三州军事、镇南将军、领平越中郎将、广州刺史、假节钺”。（房玄龄《晋书》卷二十九）。

阮放，字思度，生活于两晋之交，性情简约而作风放达，为中州名士，与族兄阮孚出于同样原因请求前往交州任职。据记载，其家族祖上可追溯至阮略。阮略与阮籍同辈，为族兄弟，据马守印先生考证，系阮敦之孙。阮略大约生于东汉末，曾任齐国内史，生一子阮顗；阮顗与阮咸、阮浑同辈，曾任汝南太守，生二子阮放与阮裕。阮放与族兄阮孚同为“兖州八达”成员，不拘礼法、不经事务，东晋元帝时，王导以其名高征为太学博士，后转太子中舍人、太子庶子，深受太子司马绍的礼遇。“时虽戎车屡驾，而放侍太子，常说《老》《庄》，不及军国。晋明帝甚友爱之。转黄门侍郎，迁吏部郎，在铨管之任，甚有称绩”。（房玄龄《晋书》卷二十九）后因成帝幼冲，庾氏执政，放求为交州官，乃除监交州军事、扬威将军、交州刺史等职；后卒于任上，时年44岁。被追赠廷尉。

在阮孚、阮放之后，今越南中北部，还是由阮氏家族管治。永和九年（353），阮敷受东晋穆帝派遣，担任交州刺史。阮敷担任刺史后，掌握交州军政大权。《资治通鉴》卷九十九记载：“三月，交州刺史阮敷讨林邑，破五十馀垒。”阮敷在交州迅速讨伐敌对势力，让交州完全归于东晋王朝统治之下，并把一批阮姓带到了交州一带，从此这个姓氏在交州生根发芽，人口数量逐渐增多。

刘宋文帝元嘉年间（424—453），阮弥之任交州刺史。阮弥之乃阮裕曾孙，历任诸府参军、员外散骑侍郎等职，所任之处多有政声，深受朝廷重用，地位显赫。《晋书》卷四十九《阮籍传附阮裕传》载：“佣，早卒。宁，鄱阳太守。普，骠骑谘议参军。佣子歆之，中领军。宁子腆，秘书监。腆弟万龄及歆之子弥之，元熙中并列显位。”时交州屡受侵扰，朝廷委阮弥之出任交州刺史镇守南疆。刘宋元嘉元年（424），阮弥之携族弟阮谦之率军征讨平叛林邑国，大败林邑王范杨迈。阮谦之凯旋而归，留有几房庶子居林邑、交州等地。

另外，萧梁承圣三年（554），元帝萧绎的母亲文宣阮太后因朝廷被西魏攻灭，阮氏族人遂南迁湖南，再由湖南分两支南迁，一支进广西入交州，另一支入云、贵、川。

再者因海运、商贸关系，由海道进入越南南部地区，形成广南封建集团。如居住在闽广的阮氏族人在南朝陈（557—589）统治的几十年间，由于受到地方大吏的支持和鼓励，出海捕鱼或运货载客，海上航贸几乎成为当地阮氏的世袭职业，并与迁入交州、林邑的阮氏族人加强往来。阮氏第二次大规模南迁浪潮在陈末隋初时期。隋大军南下，阮氏被当作陈朝残余势力而遭到镇压。隋文帝平陈统一南北朝后，寓居长江以北的部分阮氏族人纷纷回到陈留老家，而居住闽广的阮氏族人，跟萧梁后期先后迁入交州、林邑的阮氏族人，互迁交往频繁。定居交州、林邑的阮氏家族，带去中原先进的物质、精神文化，因而往往为当地土著所拥戴，成为拥兵握权、称霸一方的割据势力。

总之，大批来自中国的阮氏家族，先后管治交州，从魏晋南北朝开始，直到北宋时期，越南北部和中部都由阮氏后代管治，时间长达五六百年。阮氏主持交州地区政事，在当地形成握有实权的权贵名族，不但把中国先进文化传播到越南，而且由于阮姓在越南政治上有较大影响，也为以后阮姓在越南立国奠定基础。

唐高宗调露元年（679），朝廷在今越南北部置安南都护府，省称安南府。唐时阮氏在安南十分著名，人口分布已遍及全境，且大多掌握地方政权。阮喜在唐长庆二年（822）为南越都护。阮涿在唐宣宗时为经略使。五代十国时期，阮进在南汉刘龚时代为节度使。到南汉大有十二年（939），吴权割据安南，越南第一次从中原政权分裂出去。

越南立国后，阮氏仍是对越南政局起着举足轻重的政治势力。北宋初年，交州“十二使君”割据时期，阮姓有五位使君为当地的大封建主，即阮宽、阮昌识、阮连、阮守捷、阮超。据越南史籍记载，北宋开宝元年（968）丁部领平定“十二使君”之乱，建立大瞿越国，成为独立的封建国家。

北宋大中祥符三年（1010），李公蕴建立李朝，重用大批阮氏官吏，如阮道纪为枢密，阮彻为左参知政事，阮仁义为右心腹。李朝圣宗时，以阮道成为太师。仁宗时封阮日成为兵部侍郎。神宗封阮平公为太傅，讨平真腊。高宗时授阮午为副行道。

阮氏最后一次南迁浪潮是在北宋靖康二年（1127）前后，其时金兵入侵开封，留居陈留的阮氏族人，一支随康王赵构由豫南徙苏北，再徙杭州、绍兴；另一支迁江西珑岗直到赣州。南宋末，蒙元铁骑南下，杭、绍阮氏族人纷纷离城镇往乡间转移，有的向会稽山方向迁徙，大部分则迁往曹娥江畔的沽堵、啸吟一带，而后又有阮姓辗转迁往交趾、安南。据民国重修的《越州阮氏宗谱》卷二十二《南诏轶事考略》记载：“本地今族父老有称安南之阮，实出于沽堵之阮……族人阮蛰等下海为盗，至交趾，改名随，有功封王，其世子太史。”关于阮蛰的世系，清初《沽堵聚族志》有详细记述：“洛阳始祖朝器公，北宋时，年十九中状元，至吏部留守官、大学士，一子惟凝。越州始祖淮凝公，字道夫，随康王南下，投越州判官，居城内藕芽池，一子鸣和。二世祖鸣和公，家居，三子：伯祖、仲武、叔绳。”“三世祖阮伯祖兄弟，避元兵乱，止沽堵定居，一子阮蛰（盆）。”“交趾至会稽沽诸七、八千里，然交趾阮孟、阮太史等，皆三世祖伯祖公之裔。”（乾隆《会稽阮氏草谱》）浙江阮氏是这一时期阮氏族人迁入越南的主要部分。

南宋宝庆元年（1225），越南建立陈朝，封阮嫩为怀道王，嫩势壮，自称大胜王。元至元二十二年（1285）抗元主力军、安南管军官阮盈父子，屯兵七源州，后进兵驻西路永平，大破元军，阮氏代陈立国。

宋、元以后，阮姓已发展成为越南第一大姓，《新元史》言：“其氏族如阮、裴、吴、杨、陶、黄、武、宋、陈、程、梁、胡之属，外无他姓。”《越南通史》亦言：“越族人姓阮、范、陈、吴、黎的最多，子女用父姓。”元朝时安南国人黎崱常年旅居中国并撰有《安南志略》，他自称是东晋交州刺史阮敷的后代，幼年过继给舅父黎琫为子，因改姓黎。《四库全书总目》也认同这一说法，言其为安南国人。“东晋交州刺史阮敷之后，世居爱州。幼与黎琫为子，因从其姓。”（《安

南志略》卷一）

据《明史》和《清史稿》记载，阮姓人物在安南占了相当大的比例。明代之后，还陆陆续续有中原阮氏迁往越南。广东怀集阮氏宗谱载，怀集阮氏始祖阮德后代经顺德迁往越南。嘉靖六年（1527），后黎朝大将阮淦拥立黎昭宗之子黎宁为帝，统治清化以南地区，史称“南朝”。阮淦死后，其幼子阮演自立为王，在顺化、广南地区形成割据势力，阮氏自此开始登上越南政治舞台的高层。

到清代，越南阮朝统治者还和浙江的阮氏家族有所来往。清御史马传熙《白燕堂杂记》曰：“会稽山麓之啸吟阮姓系大姓，吾外婆家也，传安南王之故乡。同治八年六月，奉命陪同安南国使臣阮恩间等，游会稽名胜，临别曾赠予诗。”清阮文淮在笔记中载：“同治癸巳年，安南国人来乡访祖，谒阮宗祠。”

18世纪70年代，爆发阮文岳、阮文惠、阮文侣三兄弟领导的越南历史上最大的农民起义，建立西山朝，又称新阮政权，一度统一全国。清嘉庆七年（1802），广南阮主后裔阮福映在法国殖民者扶植下，推翻西山王朝，建立越南最后一个封建王朝——阮朝，并正式将国号“安南”改为“越南”。《越州阮氏宗谱·望族考》称：“世竟言安南阮福映事，而不知吐其秀者在前明，养其根者在会稽也。夫自渭而陈留，自陈留而会稽而安南，恢拓华源，化家为国，茂矣美矣，叹观止矣。”民国三十四年（1945），阮朝末代皇帝保大宣告退位，是年胡志明（原名阮爱国、阮必成）领导建立越南民主共和国。

越南作为与中国山水相连的邻邦，两国之间的关系十分密切，华、越民族的融合源远流长。现代越南民族的形成，离不开中华血统，这是越南历史发展中重要的特征。阮氏家族是越南历史久远、势力雄厚的权贵名门，而越南阮姓氏历史以来与中国阮姓有着紧密联系，是华、越两族长期交流融合的结果。

除越南外，日本、琉球、印尼等海外地区也有阮氏族人的存在。琉球，在中国古代典籍中还有“流求”“琉虬”“琉求”“瑠求”等不同称呼，目前指的是冲绳岛及其附近岛屿。据现存文献看，最早出现“流求国”记载的当为成书于唐初的《隋书·流求传》与《隋书·陈棱传》。自洪武五年（1372）明太祖派遣特使杨载奉旨诏谕琉球中山王之后，直至永乐二年（1403）明太宗遣使册封琉球，其间明朝通过遣使诏谕、册封琉球、颁镀金银印、接受留学官生、赐《大统历》与冠服等方式，正式确立明朝对琉球国的宗主国地位。诚如明末出使琉球的夏子阳所云：“琉球，亦东海一夷国耳，自昔不通中华，爰自我明，始慕义来王，世修职贡，遂获被累朝锡封之典，荷皇上植立之恩。纶章宠贲于遐荒，典礼耸闻于殊域。”（夏子阳《使琉球录》卷上《题奏》）而此时也出现有关闽人奉朝廷之命前往琉球“导引进贡”的文献记载，其中最著名的便是明初“赐闽人三十六姓”一事。据《大明一统志》载：“故特赐以闽人之善操舟者三十有六姓焉，使之便往来，时朝贡，亦作指南车之意焉耳。在昔其国三分，今中山并而为一者，得非沃强晋弱之故欤！”在这三十六姓中便有阮姓，因此阮氏族人也随着赐姓来到琉球。根据琉球阮氏族谱记载，琉球阮氏寻根到福建，其本便是明代往琉球的闽南阮国。阮国（号我荦），为漳州阮姓开基祖阮溪渊之裔孙。阮溪渊，原籍陈留，迁固始县，唐广明年间随王绪、三王入闽，后定居石美，其后裔经过海路遍布东南沿海各国。阮国于嘉靖四十五年（1566）出生于龙溪县，万历二十二年（1594）后，多次往返中琉之间。万历三十五年（1607）九月二十八日受朝廷批准入籍琉球，并以士族身份定居久米村唐荣（今日本冲绳县那霸市久米村），任都通事。阮国是日本冲绳县那霸市阮姓的开基祖，其后裔不忘开基祖，坚持400多年的祭祖活动，当代更组织“阮氏我华（即荦）会”（即“我是中华人”之意）。20世纪80年代以来，琉球阮姓后裔多次携带《阮氏家谱》寻根到漳州龙海角美，拜谒祖庙“世德堂”。同时，还访问了福州阮公祠、泉州阮氏祠堂、海澄（县）月港阮氏宗祠。如今，阮氏一族在日本已传衍10多世，分为13个日本姓氏，人口2000多人，加入我华会的有200多人。

在印度尼西亚，也有阮氏族人居留。据印尼阮姓族谱记载，阮溪渊的第二房裔孙阮夏苑，讳让，字克逊，是阮起东之长子，于800年前迁往印尼，已传32世。此外阮氏入闽始祖阮弥之后裔，也有一支迁移印尼。阮弥之三子阮贾夫第二十二世孙阮鹏为唐协律郎，因避黄巢之乱，率家族隐居兴化军仙游县龙华镇金沙村，为金沙始祖。南宋景炎二年（1277），阮鹏裔孙阮曰谊（昌国三十六世）回迁前屿，世称入闽三十六世祖。阮曰谊生三子：长子阮荣、次子阮明、三子阮达。其次子阮明支派阮绍宗（四十二世）移迁阮洋村（今鼓山镇远洋村）。清朝中叶，迁闽侯青口镇大义村，还有侨居印尼、泰国、菲律宾、新加坡、美国等国。在福州前屿村，有一位爱国侨胞阮家金（1904—1986），曾任印尼万隆福州公会主席。抗日战争时期，阮家金带头并发动侨胞踊跃捐款捐物，并将募集的巨款连同前线急需的大批珍贵药品，运送抗日前线。得到国共两党高层的高度赞赏。八路军总司令朱德题词“教子有方”赠予阮母魏太夫人。翌年，阮母魏太夫人逝世时，朱德总司令又致以诔词，文曰：“伟哉阮母，德被异土；宝婺虽殒，范式千古”；同时，彭德怀副总司令也致以“彤管昭然”诔词。

此外，在东南亚许多国家都有阮氏族人的足迹，他们都是中国阮氏一族的分支，因各种原因迁移至马来西亚、泰国、新加坡、菲律宾等海外国家定居，在大洋彼岸的美国、加拿大、澳大利亚、新西兰等国也有许多阮氏族人。在海外地区，阮氏族人纷纷筹建自己的组织，以维系阮姓族人的家族情感。在美国，有社团组织以来，纽约阮氏公所是最早的社团之一，在公所会议记录中，在议案部分有记载：“本堂自民国十六年（1928）十二月中旬乔迁勿街十四号二楼二号房。”可见公所成立至今已有近百年的历史。阮氏公所为美国阮氏宗亲的聚集地，并积极组织海外阮氏成员返回中国阮氏故里——河南省尉氏县小陈乡阮庄村，进行省亲谒祖和研讨考察活动。在马来西亚、新西兰都成立阮氏宗亲会。中华阮氏族人的分布遍及全球，在海外不断发展壮大，为中华文化走向世界做出贡献。

清・林佶《乌石山图》

第四节　阮弥之家族

阮公祠文物保护碑

阮弥之（？—436），原籍江左会稽剡县（今嵊州），历任诸府参军、员外散骑侍郎、庐陵王义真车骑行正参军、平越长史、东莞太守、尚书殿中郎、武昌太守、车骑从事中郎、太子中舍人、中书侍郎、临川内史等职。所任之处多留有政声，深受朝廷重用，因此地位显赫。治闽期间，阮弥之鞠躬尽瘁为福建留下许多卓著功绩。阮弥之鞠躬尽瘁，治闽有功，被世人尊为“七闽人师”“闽瓯师表”及福建“文教始祖”。刘宋朝廷为彰其德，颁诏追赠资政大夫，并赐谥“忠惠”，钦旨葬祭，为之立祠，官设春、秋二祭。本节主要论述阮弥之家族成员，通过其家族的群体成就反映阮氏家风。

关于阮弥之家族，据晋史记载，其祖上可追溯至阮略。阮略与阮籍同辈，为族兄弟，据马守印先生考证系阮敦之孙。阮略约生于汉末，曾任齐国内史，生一子阮顗；阮顗与阮咸、阮浑同辈，曾任汝南太守，阮顗生二子阮放与阮裕。其人物关系为阮略系阮弥之的天祖父；阮顗是阮弥之的高祖父，阮放系阮弥之曾伯祖父。阮放，字思度，生活于两晋之交，作风放达，为中朝名士，与族兄阮孚同为“兖州八达”成员，不拘礼法，不经事务。《晋书·阮放传》载：“放，字思度。祖略，齐郡太守。父顗，淮南内史。放少与孚并知名。中兴，除太学博士、太子中舍人、庶子。时虽戎车屡驾，而放侍太子，常说《老》《庄》，不及军国。明帝甚友爱之。转黄门侍郎，迁吏部郎，在铨管之任，甚有称绩。时成帝幼冲，庾氏执政，放求为交州，乃除监交州军事、扬威将军、交州刺史。行达宁浦，逢陶侃将高宝平梁硕自交州还，放设馔请宝，伏兵杀之。宝众击放，败走，保简阳城，得免。到州少时，暴发渴，见宝为祟，遂卒，朝廷甚悼惜之，年四十四。追赠廷尉。放素知名，而性清约，不营产业，为吏部郎，不免饥寒。王导、庾亮以其名士，常供给衣食。子晞之，南顿太守。”这段文字记载阮放生平事迹、世系及任职。据此可知，阮放的祖父为阮略，父亲是阮顗，儿子有阮晞之等人。他们数代为官，而以阮放最出名。东晋元帝时，王导以其名高征为太学博士，后转太子中舍人、太子庶子，深受太子司马绍的礼遇。阮放给司马绍供职时，常说《老》《庄》，而不及军国。但太子甚爱之。明帝（司马绍）即位后，阮放转任黄门侍郎，迁吏部郎、监交州军事、扬威将军、交州刺史等职；后卒于任上，时年四十四岁，追赠廷尉。阮放子阮晞之，曾任南顿太守，曾孙阮谦之。

阮谦之系阮弥之从弟，原籍江左会稽剡县（今嵊州），仕郡功曹，迁奋威将军。南朝刘宋元嘉元年（424）。与从兄阮弥之率军征讨平叛林邑国，大败林邑王范阳迈，遂还，因镇交州郡迁居合浦徐闻。元嘉八年（431），再度与阮弥之出兵平叛交州林邑国。有关阮谦之的生平事迹，《南史》、郦道元《水经注》、欧大任《百越先贤志》、万历《雷州府志》均有记载。关于阮谦之的家世，欧大任《百越先贤志》载曰：“阮谦之，徐闻人。家本陈留。曾祖放，为广州刺史，留一子居擎雷水上。”阮谦之是南朝时期徐闻县（包括雷州半岛全境）人，祖先是陈留人。曾祖阮放，为广州刺史，留下一子居南渡河之滨的雷城。

西晋永嘉“五胡之乱”后，匈奴、鲜卑等北方少数民族入侵，黄河以北国土尽丧。晋朝政权及多数中原名士只好南下避乱。阮谦之的曾祖阮放到了交州，是集军事、行政于一身的实权人物。交州在东汉时治所在番禺，即今广州；三国两晋时期，治所移于今越南龙编。史籍对阮放有多少个儿子未提，只提到有一个儿子阮晞之，曾任南顿（今河南项城市南顿镇）太守，还有上面所说的有一子居南渡河之滨。不知是否即是阮晞之。而阮谦之为阮放曾孙，且是留居南渡河之滨的儿子所生可以确定。

阮谦之主要历史事迹，见《梁书》等记载，其初仕郡功曹（交州行政长官助理官员），在任期间工作出色，贡献卓著，因功勋迁为奋威将军，与其曾祖阮放的扬威将军官阶相同，都是四品。随从兄阮弥之出征林邑国，平范阳迈之乱后，振旅返回雷州，世居南渡河之滨的雷城。其后瓜瓞绵绵，子孙多分居雷州半岛海、遂、徐各地。至明代晚期，遂溪县的阮家村即为阮谦之后裔世居之地。据万历《雷州府志·地理志之二·都图》载：“阮家村，县南四十五里，二十三都，阮氏世居至之，上二村具属于崇礼乡。”“崇礼乡，县南四十里，旧领都二：二十二都（县东南四十五里，旧图十，今图七）、二十三都（县东南四十五里，旧图二，今图一）。”据此，阮家村应在今霞山区范围内。但至于今日，雷城乃至雷州半岛村落，阮姓世居极少。今徐闻县下桥镇竹头村、徐城镇有阮姓居住，但都是近代从外地迁入。竹头村阮姓人家是 1949 年从信宜县迁来。徐城镇阮姓居住时间也不长，未见有与阮谦之一系的延续关系。年湮岁远，阮谦之在雷州半岛的后代今已不可考。

阮裕是阮弥之的曾祖父，字思旷，阮放弟。历任大将军王敦主簿、溧阳令，咸和初任尚书郎，后任王舒抚军长史、临海太守、东阳太守、散骑常侍、国子祭酒、金紫光禄大夫等职，平生以德业知名。在任王敦主簿时，因察觉王敦有反心，为避祸而终日酣饮，以酒废职。阮裕的这种处境与和作风与当年阮籍在司马氏手下任职时相似，做官也只是禄仕而已。他自己也曾解释过出仕的原因：“吾少无宦情，兼拙于人间，既不能躬耕自活，必有所资，故曲躬二郡，岂以骋能私计故耳。”做官只为自活，不为求名，这是乱世中许多士人的人生抉择。成帝咸和年间，阮裕在会稽剡县过了一段隐居生活，其间与王羲之、谢万、谢安等名士交往甚密，一起谈玄论难，王羲之评曰：“此公近不惊宠辱，虽古之沈冥，何以过此。”阮裕在剡期间，还留下流传千年的“阮裕焚车”的故事。《通志》云：“后汉有巴吾令阮敦。阮氏惟盛于晋宋。”阮氏在南朝宋繁盛的一支就是阮裕的后代。阮裕有三子：佣、宁、普。阮佣，字彦伦，官至州主簿，生一子歆之；阮宁，历任鄱阳太守、黄门侍郎，生二子：腆、万龄；阮普，骠骑谘议参军，子长之。阮歆之，历任御史中丞、中领军，生三子：弥之、仁之、永之。阮腆，曾任秘书监。万龄，历任秘书监加给事中、太常、相州刺史、东阳太守、散骑常侍、金紫光禄大夫等职；长之，字茂景，历任诸府参军、武昌太守、车骑从事中郎、临海太守等职。

以下对阮弥之家族成员再略做介绍：

阮弥之的祖父阮佣，字彦伦，官至州主簿，生一子歆之。阮弥之的叔公阮宁，历任鄱阳太守、黄门侍郎，生二子：腆、万龄。阮弥之的叔公阮普，曾任骠骑谘议参军，子长之。阮弥之的父亲阮歆之，历任御史中丞、中领军等职，生三子：弥之、永之、仁之。阮弥之的堂叔阮腆，曾任秘书监。阮弥之的堂叔阮万龄，历任秘书监加给事中、太常、相州刺史、东阳太守、散骑常侍、金紫光禄大夫等职。

阮弥之的堂叔阮长之历任诸府参军、武昌太守、车骑从事中郎、临海太守等职。这些人亦多有宦迹传世。

最后对阮弥之的胞弟、堂弟及其四子简略介绍：

阮弥之胞弟阮仁之，元嘉九年（432）继阮弥之后担任晋安郡太守；

胞弟阮永之，元嘉十五年（438）亦任晋安郡守职务；堂弟阮师门（阮长之子），任原乡令，有传。阮弥之长子阮韬（？—484），字长明，史载元嘉十三年（436），曾被刘宋皇帝诏回朝廷内用，官至散骑常侍、金紫光禄大夫；阮弥之次子阮渔夫，原袭父居，在乌石山南麓原址（现福州市政府位置）居住，南宋宝祐三年（1255），渔夫裔孙阮忠二（昌国三十五世）由福州迁尤溪水南定居，并自立昭穆，为尤溪盖竹阮氏始祖；阮弥之三子阮贾夫，移居钱屿墩（今前屿）；阮弥之四子阮凿夫，移迁鼓山镇阜头村，五代时，其后裔因避乱迁鼓岭、古田、罗源、宁德、建阳等地。

阮氏源流脉络

伏羲 —少子→ 枎，号隃（称隃伯），羲皇赐其阮，故又称阮隃，尊为肇阮始祖 —约40世裔孙→ 咎繇（皋陶）—若干世裔孙→ 公元前1200年左右，阮髡在世袭封地建立阮国 —历150年左右→ 阮僖（阮国末代君王）—僖子→ 阮阊（周朝阮邑始大夫）—历275年左右，传15代→ 阮肥子（阮邑末代大夫），东周末年率族人东迁至陈留郡等地定居

陈留阮氏与阮弥之家族世系图

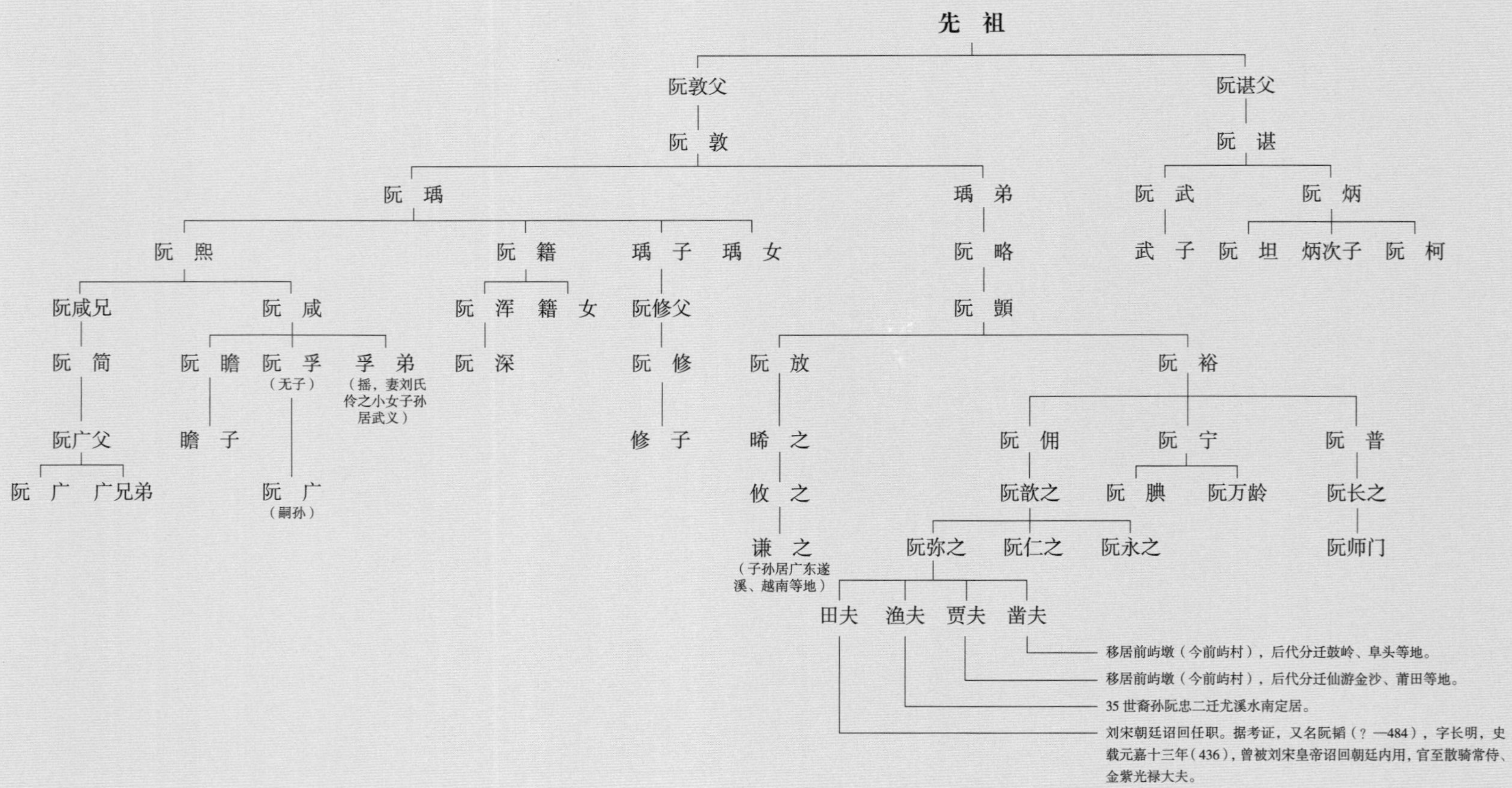

（阮忠豪整理制作）

第五节　阮弥之后裔迁徙分布

南朝刘宋文帝元嘉二年（425），阮氏三兄弟入闽后，开发闽都郡邑，开办学校讲学，传播中华文化，可谓惠政广播闽疆。中原文化由此开始传入福州地区，形成一定影响，也促进与当地文化的融合。唐五代十国时期，经黄巢起义和王氏之乱后，阮氏由城东前屿、阜头等地迁徙各处避乱。一个家族历史的兴衰往往与其所处的时代背景、生存环境息息相关。阮氏后裔迁徙各地，显现出不同的发展轨迹与文化特色，促进各地区的文化交流。宗族意识始终是联系各地阮氏族人的坚韧纽带，始祖阮弥之所流传下来的精神在阮氏后裔的开枝散叶、迁徙中得以继承与传播，对不同地区的阮氏后人产生深刻的影响。阮氏后裔人才辈出，族人不管迁至何处，始终不忘先人教诲与阮氏族训。各地阮氏族人聚集地所留下的历史遗迹、文物景观等，对阮氏宗族文化的研究产生重要作用。

一、 移居钱屿墩

迁徙是人类生存发展的重要方式，在宗法制为核心的中国社会体制下，人们以聚族而居为基础，并以血缘亲情为纽带，由此形成特定的文化心理和共同的信仰观念。这种同宗同源的血缘关系和一脉相承的宗亲文化，在家族迁徙中成为文化传播的主要途径。

南朝元嘉十三年（436），阮弥之三子阮贯夫、四子凿夫，由福州乌石山南麓迁移福州东郊钱屿墩（今前屿村）居住。晋安区鼓山前屿村，成为福建阮氏入闽始祖阮弥之后裔的世居地之一，四子凿夫移迁鼓山镇阜头村。现居前屿村的阮氏族人为阮弥之三子贾夫后裔。据宋代《三山志》记载，前屿属东郊“十二乡三十七里”之一的凤池东乡归善里，福州民谚将其与竹屿、横屿、后屿并称“竹横前后屿”。前屿本是闽江中一座岛屿，隋唐以后淤为田园。因前、钱同音故名，又因山上古松林立、遮天蔽日，故又称“松屿”。阮贾夫一支迁此后，阮氏族人便在这里生根发脉。该村作为福州市阮弥之后裔聚居地，注重家族文化传承，阮氏族人先后编修《阮姓祖先历史文化谱》《中华阮姓通公谱》《前屿族谱文化重修本》《前屿世系谱》《钱屿墩阮氏（家）族谱》《福州阮氏宗谱》等谱牒，对福建阮姓历史文化、源流世系、繁衍、迁徙分布以及前屿村阮氏历史人物、族规家训等进行详细记载。以上族谱资料现存福州前屿阮公祠理事会。

阮姓作为陈留阮姓南迁世家，阮贾夫后裔又以前屿村为族居地，

位于前屿阮公祠边上的古井

向福建各地分迁。唐广明元年（880），贾夫第二十二世孙阮鹏为协律郎，因避黄巢乱，率家人隐居兴化军仙游县龙华镇金沙村，为金沙始祖。南宋景炎二年（1277）左右，阮鹏裔孙阮曰谊（昌国三十六世）回迁前屿，世称入闽三十六世祖。阮曰谊生三子：长子阮荣、次子阮明、三子阮达。其后世子孙移迁晋安区恩顶村、阮洋村（今鼓山镇远洋村）、台江区、仓山区、闽侯青口镇大义村及长乐市、福清、三明、尤溪、南平、长泰、厦门等地，还有外迁西安、伊宁、重庆及港台等地，还有侨居泰国、菲律宾、新加坡、印尼、美国等国家。

据资料记载，鼓山镇阜头村阮氏系阮弥之四子凿夫后裔，由前屿村迁入。鼓山镇远洋村（含远西、远东、远中村）后裔，系明万历十八年（1590）阮国耘由前屿村迁入，今传十九世；新店镇莲峰斗顶村阮氏后裔，系清康熙三十七年（1698）阮心泉由福州前屿村迁入；宧溪镇恩顶村阮氏后裔，系清道光年间（1840—1850）阮应元、阮应辉、阮应颐由福州前屿村迁入；长乐玉田镇琅岐村阮氏后裔，系清康熙年间（1662—1722）阮正广携长男阮克方及眷属由福州鼓山镇远洋村迁入；青口镇东台戊辰村阮氏后裔，系清光绪二年（1876）由闽侯县青口镇坊口蝴蝶山村迁入；鼓楼区华大街道龙峰村山头角、屏东社区阮氏族人，系清康熙年间阮永茂等三兄弟由福州前屿村迁入；青口镇大义村阮氏，系阮弥之三子贾夫后裔于清乾隆年间（1736—1795）由福州阮洋迁入。

另据有关资料，附录阮氏由福州府迁台者：

（一）福州上埔，清咸丰中阮涂城子阮传陆入台，居台中县，入台谱。

（二）福州远洋，同治中阮传坤子阮宝、阮江等入台，居苏沃，入台谱。

（三）福州前屿咸丰中阮传增兄弟子孙入台居凤山市。民国初阮文康、阮文安、阮文铨入台，居台北市；阮宝治子阮文仁入台居台中；

民国中阮宝琼子阮如壁入台居台北；阮文中入台居台北；阮蒲孙居高雄；阮世英入台居台北；阮家焕入台居澎湖；阮少华兄弟入台居台北。抗日后，阮悟华入台居东县；阮家臻父子入台居台北；阮家益入台居台北；阮家活子阮宪书入台居台北；阮增品入台居台北；阮宝隆入台居台北；阮德和父子入台居台北；阮章魁父子入台居台北，阮文麟入台居台南。

二、分迁仙游金沙、莆阳

唐末，阮弥之二十二世裔孙阮鹏为避黄巢之乱，偕子卜居兴化军仙游县龙华金沙村，成为拓垦金沙第一人。阮鹏五世孙阮沂迁莆阳（今莆田），为莆阳阮氏始迁祖，后裔分迁省内外多地。金沙村是仙游县龙华镇下辖村，古称“黄沙”。村中有千年文脉流传的梓潼书院，附近还有罗汉岩、菜溪岩风景区、中国古典工艺博览城、仙游九鲤湖风景区、海峡艺雕旅游城、仙游乌石村等景点。金沙早期村民大都为阮姓，历代出了不少名人。据仙游《忠孝堂阮氏族谱》载，阮鹏因避黄巢战乱，于唐广明元年（880）隐居今龙华镇金沙村上库，是为阮氏入仙始祖，

仙游阮氏宗祠一景

此脉繁衍迁徙及人口分布情况如下：

宋初，阮鹏五世裔孙阮沂携长子阮程，由金沙上库迁居莆田郡城右厢之龙门阮巷（今属莆田市城厢区太平社区），为莆田阮氏始迁祖，称莆阳始祖。阮程次子阮遵后裔迁居漳州、广东潮州等地。阮沂次子阮特留守仙游金沙上库祖居地。

仙游阮氏宗祠“忠孝堂”匾额

仙游阮氏宗祠“源远流长”匾额

仙游阮氏宗祠外景

仙游阮氏宗祠内景

据《莆田名人录》记载：“南宋咸淳十年（1274）五月十七日，阮次膺（字汝龙）卒于官，享年五十八岁，讣闻于朝，帝叹曰：‘东南之锁匙决矣。’”特赠光禄大夫。授长子阮曰诚迪功郎，封川源尉，次子阮曰谊，见时局动乱，回迁钱屿墩。明初，阮回由黄石厚道迁居连江县钦平下里；雍正中叶，阮有亮迁居连江县敖江镇财桥；乾隆中叶，阮建海迁居连江县浦口镇澳头村。

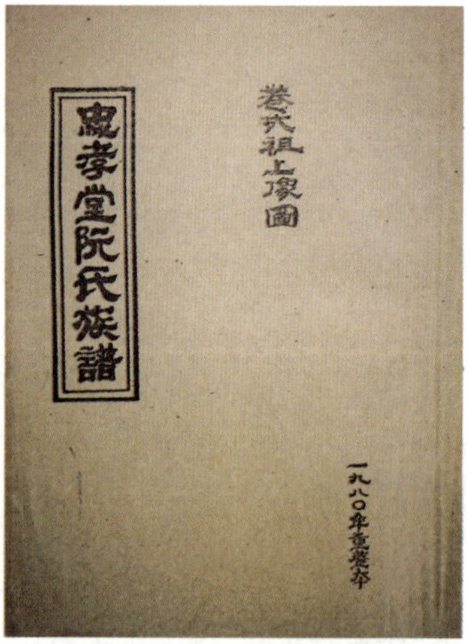

《忠孝堂阮氏族谱》书影

明代，莆阳十七世阮録迁居湖北荆州市；莆阳十八世阮煇携次子阮鹗迁居福州，阮煦入赘江苏省常州市；莆阳十九世阮塾娶翁氏，迁居福州，阮茂椿迁徙南京。明嘉靖年间，莆阳二十一世阮尚科、阮尚魁、阮尚质迁居福州南门兜清真寺附近。明末，莆阳二十二世阮孚潮迁徙江西。莆阳二十三世阮阿泰迁居福宁府（今闽东霞浦一带），阮可欲迁居福鼎沙埕斗门外。莆阳二十四世阮可迁居宁德。莆阳二十六世阮英迁居湖北襄阳。清康熙年间，莆阳二十七世阮盛迁居湖北黄州麻城宋埠镇。南宋景炎二年（1277），阮沂十一世孙阮宏孙隐居仙游香田阳谷里阮仓（因“仓”与“庄”方言谐音，后改称阮庄），为阮庄阮氏开基祖。清末，部分阮庄和后溪阮姓迁居莆田枫亭镇九社阮厝。南宋祥兴元年（1278），阮沂后裔阮太德由仙游县龙华镇金沙村迁徙德化县南埕镇蟠龙村漈兜洋，继而迁入梓安乡定居。明洪武年间，梓安四世孙阮三奴迁居新化里，后又迁居尤溪县二十五都厚地乡（今尤溪县台溪乡盖竹村）。

阮鹏后裔还分布于莆田城厢区、涵江区、荔城区等地，相关事迹

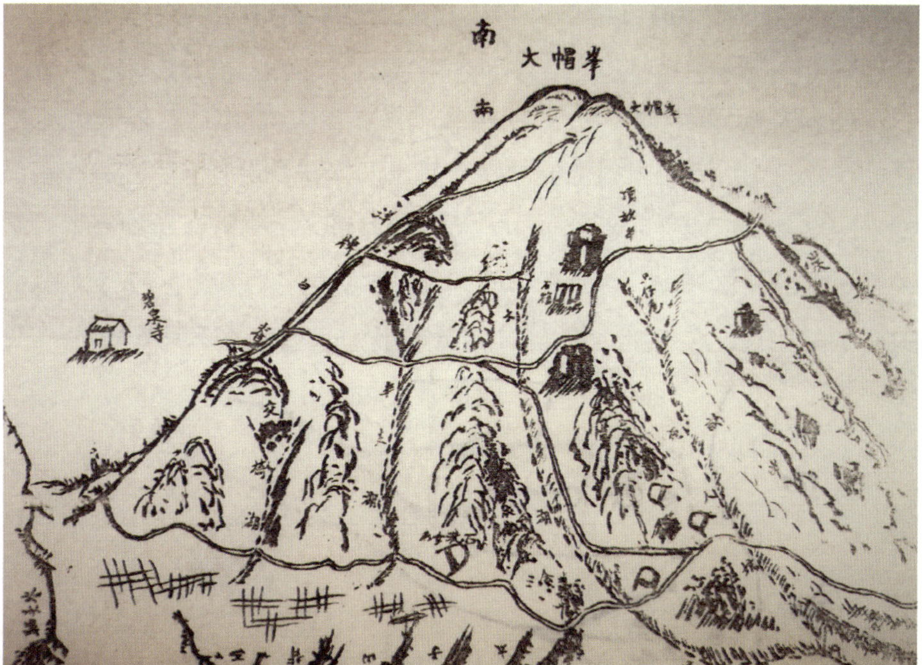

仙游阮氏聚居地风物图（《忠孝堂阮氏族谱》）

分别载于各地族谱中。在这些后裔居住之地，尚留一些文物遗迹、文化建筑及阮氏历史文献资料。

三、分迁德化（梓安）

梓垵古称“梓安”，居民以阮、黄两姓为主，少数姓赖、陈，起源于南宋时期。清代以前属永宁乡泰里宝安保。民国至解放初期，属瑞上乡上寨保管辖，1984年设梓垵村，隶属南埕乡（镇）。南埕镇历史悠久，早在宋代就有人在此聚居生息。南宋景定五年（1264），陈瑜从河南开封迁居此地，开基龙山（今连山），为史载开发南埕最早氏族之一。之后阮姓氏族到梓垵开基，当时属清源郡德化县永宁乡善均里。

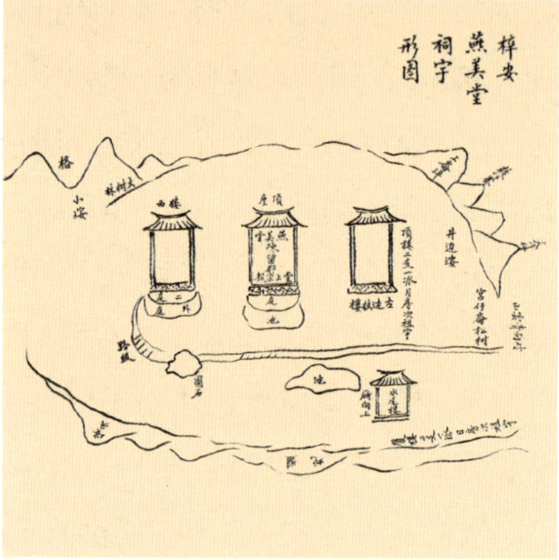

梓安燕美堂祠宇形图

南宋景炎三年（1278），阮沂后裔阮太德由仙游县龙华镇金沙村迁徙德化县南埕镇蟠龙村漈兜洋，继而迁入梓安乡定居。明洪武年间，梓安四世孙阮三奴迁居新化里，后又迁居尤溪县二十五都厚地乡（今尤溪县台溪乡盖竹村）。明永乐年间，阮三郎由德化县梓安乡迁入尤溪县台溪乡厚地村过洋定居。南埕镇梓安村阮氏现存《梓安阮氏族谱》一部，于明成化十六年（1480）由阮吴应首修，明万历十七年（1589）阮玉庸二修，清康熙四十七年（1708）阮士昶、林昱三修，此后至1995年再经五修，共八修，分为八卷，前三卷遗失，现存五卷。谱载谱序、源流、世系图、产山等，现存为钞本。祠堂称燕美堂，于元大德八年（1304）兴建，燕美堂祠形如紫燕归巢，故名。

南埕镇梓安村阮氏始迁祖为阮太德，太德（1247—1321），字追上。系阮鹏后裔，南宋景炎三年（1278），从先世聚厝仙邑（今仙游县）谭

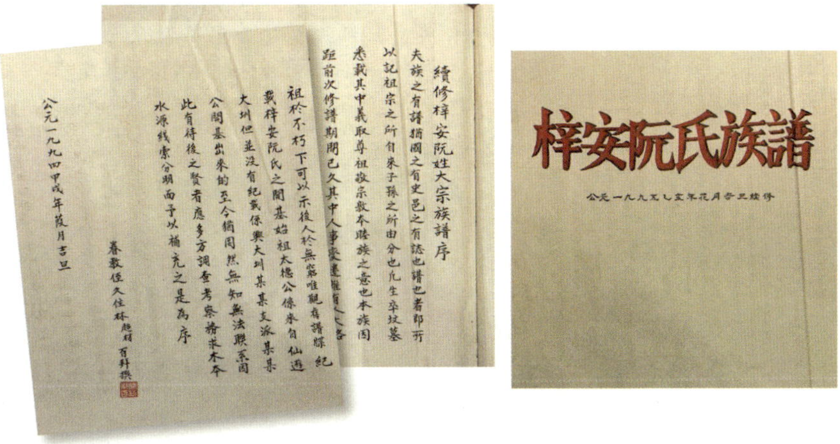

《梓安阮氏族谱》书影

边考坵（今仙游龙华镇金沙村）迁入龙浔托迹善均里车村保际头洋（今德化县南埕镇蟠龙村漈兜洋）；梓安阮姓二世少十，生于 1279 年；明洪武年间（1368—1399），阮氏四世三奴迁新化里，后迁尤溪县二十五都厚地乡分两房，一房迁尤溪龙门场，又迁支坂面（即中仙乡剑溪村）。梓安阮姓今传二十九世。

四、分迁尤溪（水南厚地）

尤溪县，别称沈溪，唐开元二十九年（741）置县，时隶属福州，南唐保大六年（948），改隶剑州（州治南平）。宋太平兴国四年（979）起，剑州改称南剑州。元至元十五年（1278），南剑州升为南剑路，延祐元年（1314），南剑路改称延平路。明洪武元年（1368），延平路改为延平府，尤溪县随其隶属。清代，尤溪县仍属福建省延平府。

宋代，福州一支阮氏迁徙至尤溪沈南，后开基于厚地（现台溪乡盖竹村）。这一支为阮弥之次子阮渔夫后裔。阮渔夫原袭父居，在乌石山南麓原址居住，南宋宝祐三年（1255），渔夫裔孙阮忠二（福州三十五世），自福州迁尤溪水南定居，并自立昭穆，为尤溪盖竹阮氏始祖。元泰定三年（1326），阮忠二次子阮成二从水南迁居厚地。台溪阮姓主要分布在盖竹的上洋、后洋、双山等地。盖竹阮氏大宗祠位于盖竹村三斗，始建于元泰定三年（1326）。

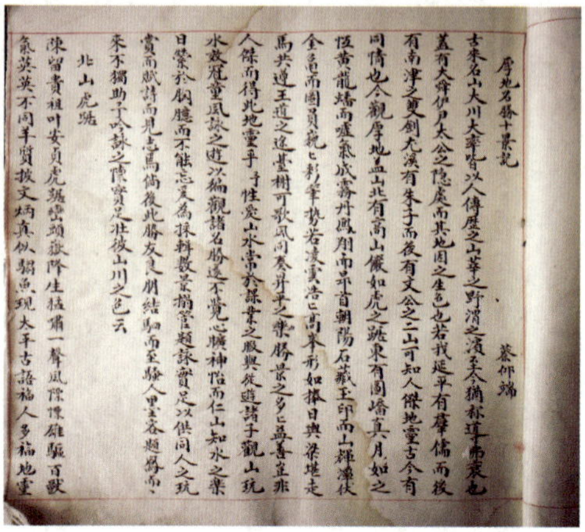

《厚地阮氏家乘》书影

盖竹阮姓集中地在厚地自然村，整个自然村呈马蹄状，中有龙盘虎踞之形于其间。村里共有21座古民居，明清时期的尚有6座，其余均为20世纪六七十年代重修，但都保留明清时期建筑风格，通往房子的路都是青石铺就，有几座房子门前还有拴马柱遗迹。台溪盖竹《阮氏族谱》始修于明崇祯辛巳（1641），由陈凤陛编修；清乾隆四十七年（1782），由第十九世孙阮顺乾重修；清光绪九年（1883），由第二十四世孙阮永类重修；民国28年（1939），由阮德涵、阮智及重修。该谱内容有前言、谱序、十训、世系图、世传篇、地形图及山界至等。清康熙年间（1662—1722），厚地阮氏有后裔迁移开基于尤溪十八都陈坑底（今溪尾大宁村）。盖竹现有5座祠堂。明永乐年间（1403），阮三郎从德化梓安乡迁入厚地过洋定居。阮氏在尤溪的具体分迁情况，援引有关资料如下：

厚地地形及建筑绘图（《厚地阮氏家乘》）

台溪乡盖竹村（原厚地）阮氏，系阮弥之次子渔夫后裔。南宋宝祐三年（1255），阮弥之次子渔夫裔孙阮忠二（福州三十五世），自福

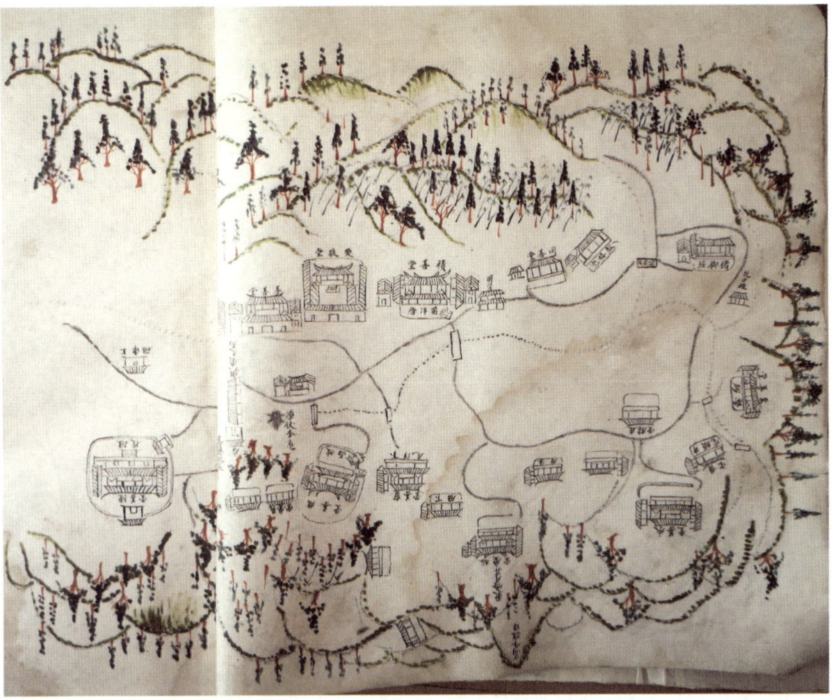

厚地地形及建筑绘图（《厚地阮氏家乘》）

州迁尤溪水南定居，并自立昭穆，为尤溪盖竹阮氏始祖。阮忠二生二子，长子成一，次子成二。元泰定三年（1326），其次子阮成二由尤溪水南迁尤溪台溪盖竹村（原二十五都厚地三斗）定居，今传三十世。台溪乡后隔村山头坪自然村阮氏。明嘉靖年间（1538），阮仕照后裔由台溪乡盖竹村迁入，今传十六世。台溪乡清溪村阮氏，1860 年左右阮永犹由台溪乡盖竹村迁入，今传十世。梅仙镇刘坂村阮氏，清康熙五十七年（1718），阮天祐由盖竹村迁入，今传十三世。梅仙镇坪寨村阮氏，清康熙年间，阮裕宇后裔由台溪乡盖竹村迁入，今传十六世。

尤溪阮氏另一支出自阮弥之三子阮贾夫一脉，据龙门阮氏族谱记载：大约在唐末，此系族人便已经从福州向外迁出。由于明代族谱曾遭毁坏，后人修谱时整理世系只能大致追溯到后唐阮鹏，鹏公官拜协律郎，开入兴化府仙游县，当地有黄沙墓，墓碑上书“协律郎鹏公银青光禄大夫墓”。越七世孙沂公，兴化府南门外有石碑遗迹。而尤溪阮氏一支始祖太德公，于南宋帝昺末年从仙邑潭边坷坵迁入龙浔梓安乡，生一男小十公和燕。越四世，孙三奴公即三郎，于明永乐元年从梓安开入尤溪二十五都盖竹洋朱家暂住，后迁厚地过洋，建功立业，号曰高楼厝。越四世孙道隆公，号曰高朗先生，生二子得明、得禄，后得禄公次子益才公（即七才，小名七郎），于大明正统年间，从厚地过洋高楼厝开入廿六都龙门场破石坑住居，其子金一、金二、金三、金四及侄孙玉一、玉二等公，转移后门厝塘仔住居，至五代孙怀八公迁居南岭堀坵。至明孝宗弘治四年，始移堀底，建立正祖祠堂。南宋祥兴元年（1278），阮沂后裔阮太德由仙游县龙华镇金沙村迁徙德化县南埕镇蟠龙村漈兜

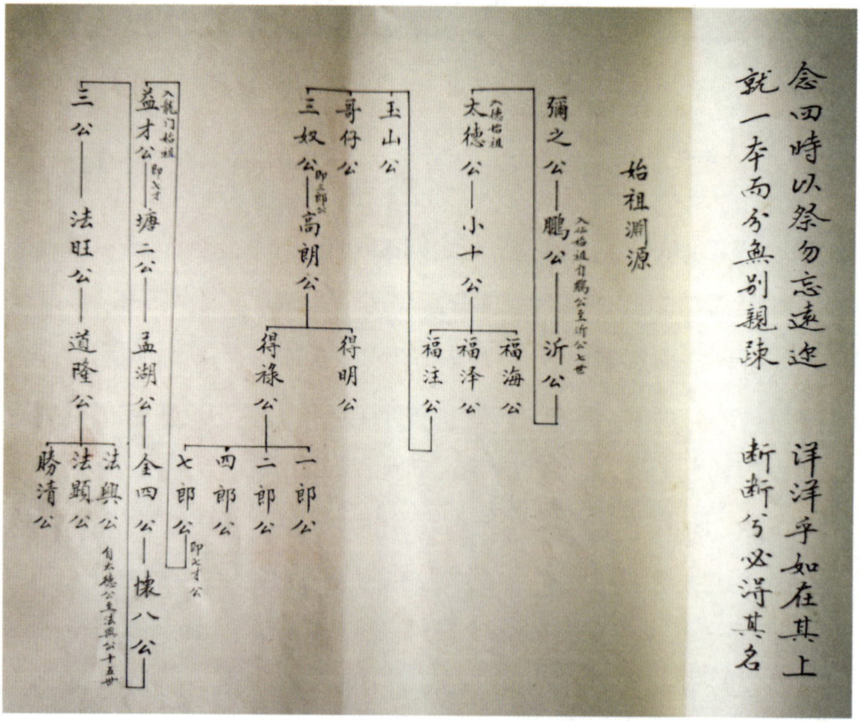

世系脉络图《龙门阮氏族谱》（道光本）

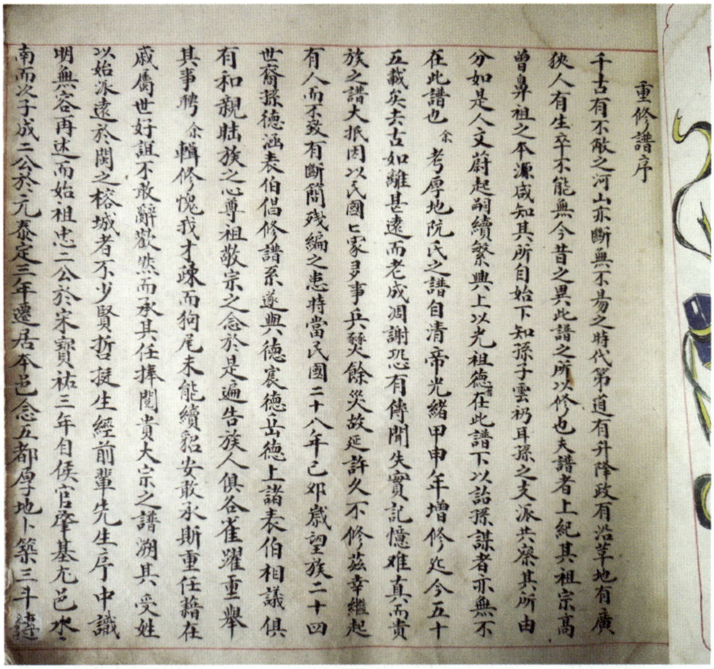

重修譜序

千古有不敝之河山亦斷無不易之時代第道有升降政有沿革地有廣狹人有生卒不能無今昔之異此譜之所以修也夫譜者上紀其祖宗高曾鼻祖之本源咸知其所自始下知孫子雲礽耳孫之支派共察其所由分如是人文蔚起嗣續繁興上以光祖德者在此譜下以詒孫謀者亦無不在此譜也余考厚地阮氏之譜自清帝光緒甲申年增修迄今五十五載矣去古如雖甚遠而老成凋謝恐有傳聞失實記憶难真而貴族之譜大抵因以民國〻家多事兵燹餘災故延許久不修茲幸繼起有人而不致有斷簡殘編之患特當民國二十八年己卯歲望族二十四世裔孫德涵表伯倡修譜系遂與德宸德岳德上諸表伯相議俱有和親睦族之心尊祖敬宗之念於是遍告族人俱各雀躍重舉其事聘余輯修愧我才疎而狗尾未能續貂安敢承斯重任藉在戚屬世好誼不敢辭歡然而承其任捧閱貴大宗之譜溯其受姓以始派遠於閩之榕城者不少賢哲挺生經前輩先生序中識明無容再述而始祖忠二公於宋寶祐三年自侯官肇基尤邑水南而次子成二公於元泰定三年遷居本邑念五都厚地卜築三斗鑪

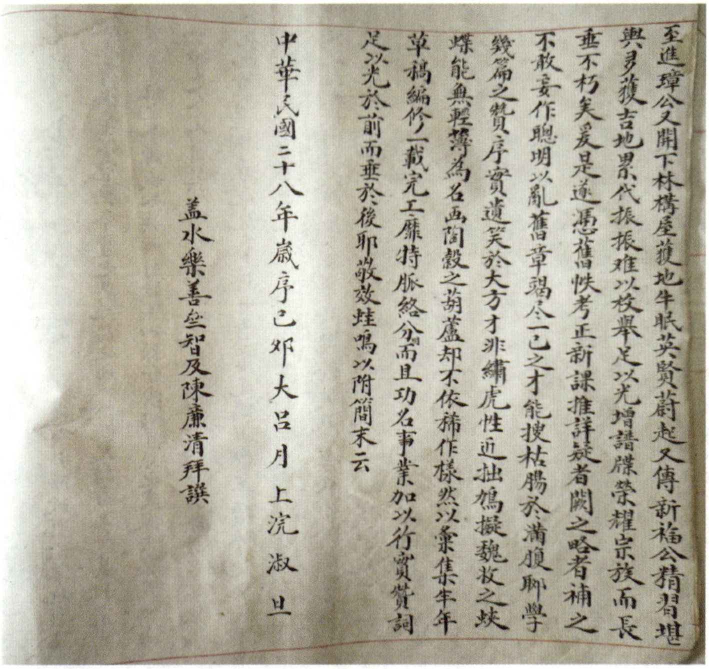

至進璋公又開下林構屋獲地牛眠英賢蔚起又傳新福公精習堪輿多獲吉地累代振振难以枚舉足以光增譜牒榮耀宗族而長垂不朽矣爰是遂憑舊帙考正新課推詳疑者闕之略者補之不敢妄作聰明以亂舊章竭盡一己之才能搜枯腸於滿腹聊學幾篇之贊序實遺笑於大方才非繡虎性近拙鳩擬魏妆之蛺蝶能無輕薄爲名画陶穀之葫蘆却不依稀作樣然以彙集半年草稿編修一載完工靡特脈絡分明而且功名事業加以行實贊詞足以光於前而垂於後耶敬效蛙鳴以附簡末云

中華民國二十八年歲序己卯大呂月上浣淑旦

盖水樂善釜智及陳廉清拜譔

《厚地阮氏家乘·重修谱序》

尤溪县善邻村半岭阮氏祖居

阮氏祠堂边的银杏园（位于中仙镇）

洋，继而迁入梓安乡定居。明洪武年间，梓安四世孙阮三奴迁居新化里，后又迁居尤溪县廿五都厚地乡（今尤溪县台溪乡盖竹村）。明永乐年间，阮三郎由德化县梓安乡迁入尤溪县台溪乡厚地村过洋定居。明正统元年（1436），阮道隆后裔由台溪乡盖竹过洋自然村迁入中仙镇善邻村龙门场自然村，今传二十三世。中仙镇剑溪村阮氏，清乾隆年间（1736—1795），阮自泰由龙门场自然村迁入，今传十二世。

尤溪县历史悠久，文化积淀深厚，当地文物古迹众多，其价值尚待发掘，如尤溪厚地的一些古物、遗迹等。

龙门场村中古树，寄托民俗记忆

村中古树

第二章

阮弥之入闽

南朝刘宋武帝永初元年（420），原东晋大将刘裕废掉东晋皇帝，自己称帝建宋。至隋开皇九年（589），杨坚灭陈，南方历经宋、齐、梁、陈四个朝代，都城均设在建康（今江苏南京），史称南朝。江南地区的社会生产力原来就比黄河流域落后，从西晋末年起，北方大批士民向南迁移，带来了相对先进的生产工具和生产技术，同南方劳动人民共同开发江南地区，兴修水利工程，开辟出大片肥田沃野，延至南朝后期，广东、福建、江西地区的各族人民联系密切，融合速度加快，农业不断发展，主要体现在耕种面积扩大、耕种技术提高、作物品种增加等方面。这样的历史背景，为刘宋时期福建晋安郡太守阮弥之提供了开发福州、发展福建经济文化的历史条件。

第一节　就任昌国郡守

南朝刘宋文帝元嘉元年（424），设置昌国郡（即今福州），郡治原丰（在今福州）。元嘉二年（425），朝廷委任刚刚从交州郡守任上卸职回朝的阮弥之为昌国郡守。

一、刘宋文帝刘义隆事迹

宋文帝刘义隆（407—453），小字车儿，是刘宋王朝的第三位皇帝，元嘉元年（424）即位，在位30年，年号元嘉，谥号文皇帝，庙号太祖。刘义隆继续实行刘裕的治国方略，清理户籍，免除百姓欠债，实行劝学、兴农、招贤等一系列措施，百姓得以休养生息，社会生产有所发展，经济文化日趋繁荣，由是“三十年间，氓庶蕃息，奉上供徭，止于岁赋。晨出暮归，自事而已”，“民有所系，吏无苟得。家给人足，即事虽难，转死沟渠，于时可免。凡百户之乡，有市之邑，谣舞蹈，触处成群，盖宋世之极盛也”。（沈约《宋书·文帝本纪》）史称元嘉之治。军事上，刘义隆继承刘裕北伐的政策，于元嘉七年（430）、二十七年（450）和三十年（452）三度出师北伐，但都无功而返，特别是第三次北伐失败，造成刘宋国力损耗。三十一年（453），刘义隆被太子刘劭弑杀。不久后他的第三子刘骏起兵推翻刘劭而继位，是为宋孝武帝。刘义隆的治国方略举措如下：

宋文帝刘义隆在位二十九年（424—452），继续实行刘裕的治国方略，在东晋义熙“土断”的基础上清理户籍，下令免除百姓欠官府的“通租宿债”，实行劝学、兴农、招贤等一系列措施，百姓得以休养生息，社会生产有所发展，经济文化日趋繁荣。元嘉十五年（438），召雷次宗在京城鸡笼山开设儒学馆讲学，与玄、文、史三学合为“四学”。在政治上倡导文化，整顿吏治，清理户籍，重视农业生产。元嘉十七年（440）、二十一年（444）两次下令减轻以至免除农民积欠政府的“诸逋债”。自东晋义熙十一年至文帝统治末年（451—453），“役宽务简，氓庶繁息”，三十多年中相对安定，是东晋南北朝时期国力最为强盛的历史阶段，史称“元嘉之治”。但元嘉末年，北魏军队在江淮间来回冲突，使得邑里萧条，版籍大坏，所谓“元嘉之治”从此结束。军事上，刘义隆在其统治期间，继承刘裕北伐的政策，乘北魏与柔然交战之际征讨河南，史称“元嘉北伐”。刘义隆在位时，林邑国（又作临邑国）对中国采取一面朝贡一面寇边的策略。林邑王范阳迈野心膨胀，更于元嘉十年（433）要求刘宋将交州交给自己管理，刘义隆予以拒绝。此后林邑不仅骚扰不止，贡品也很微薄，刘义隆难忍林邑的放肆，决定展开对林邑国的惩罚行动。他派龙骧将军、交州刺史檀和之、振武将军宗悫讨伐林邑，范阳迈佯装恐惧，上表愿归还所掠夺日南郡民户，实则行缓兵之计。宋军继续进发，于元嘉二十三年（446）一举攻克林邑北部重镇区栗（今越南西北），斩区栗王范扶龙。其后宗悫等乘胜追击范阳迈，攻克林邑都城典冲（即占婆补罗，今越南茶荞），范阳迈逃走，宋军满载战利品撤回。刘义隆征伐林邑大获全胜，“此役中国国威远播”，林邑虽很快复国，但此后恭顺朝贡，三百多年没有再朝中国动兵。刘义隆统治时期的外交政策非常灵活，大力发展海外贸易，扩大刘宋影响力。阮弥之就是被刘宋文帝看中的治国人才。

二、昌国郡的设置

昌国郡地处闽中偏东南向，原本籍籍无名，不单是闽北，整个福建在汉末三国时期都极少介入中原的派系斗争。闽地因地理位置较偏，开发较迟。秦时，设闽中郡，但仍采取闽人治闽的方式，以地方首领为君长，进行管理。西汉时，闽越首领多次反叛朝廷，汉武帝平定叛乱，迁徙闽越之民以分化反叛力量，并未在闽中正式建置。东汉末至三国，闽北才初步形成正式的地方建置。

首先是县级建置。据《南平地区志》记载：东汉建安初，今福建境内分候官之地置5县，其中闽北地区置南平、建安（今建瓯）、汉兴（今浦城）三县，属会稽南部都尉，是为福建最早的县级政区建置。《三国志·贺齐传》载：“（齐）进兵建安，立都尉府，是岁（建安）八年也。”官府改变以往闽人治闽或迁徙其民的方式，由官府直接派遣官吏管理，闽北地区乃至福建有了官方正式的县级建置；其二，闽北地区设县多，占整个福建的一半以上；其三，闽北地区多叛乱，为了更好管理，会稽南部都尉治所一度设在闽北。在设县后，闽北乃至福建的发展开始逐渐形成规模。《南平地区志》记载：吴永安三年（260），建安太守王蕃在覆船山下筑建安郡城，为全闽第一座郡城，下辖建安（今建瓯）、建平（今建阳）、吴兴（原汉兴，今浦城）、东平（一说今松溪）、将乐、昭武（今邵武）、遂安（今建宁、泰宁）、南平、候官（今福州）、东安（今厦门同安、泉州南安）10县，这是福建最早设立的郡。管辖地域及于福建全境。《宋书·州郡志》对建安郡的情况有详细补充，指出建安郡前身即会稽南部都尉所在，会稽南部都尉系分原闽越王治地而来。

闽北当时存在大量占山为王的越族部落和寇盗，有记载的大规模叛乱“山寇”就有三次。第一次是建安八年（203），闽北洪明、洪进、苑御、吴免、华当等人聚众叛乱，贺齐率军平叛，杀伤甚多。孙吴也借此次平叛在闽北地区初步地建立了管辖的机构和部队。第二次是建安十三年（208），闽北吕合、秦狼叛乱，吕岱、蒋钦率军平叛。第三次是吴太平二年（257），会稽南部叛乱，都尉府治所正在闽北。据《三国志·吴书·三嗣主传》载：“会稽南部反，杀都尉。”相较于前两次叛乱，这次地方主官会稽南部都尉被杀，足见叛乱形势与规模之严重。孙吴面对闽北叛乱，动用了诸多人力物力。官方开始重视闽北乃至闽地，推动了闽北甚至整个闽地的发展，直接影响两晋南北朝时期闽地郡县的设置，特别是阮弥之治闽期间昌国郡的设立与管理。

西晋初年，晋武帝调整闽地行政建置，主题是归并吴蛮图籍，整合全境。太康年间，新置郡实际上只有广宁、南平、宣城、毗陵、晋安和南康。晋安郡的设立，《晋书·地理志下》载："晋安郡乃太康三年（282）置，统县八：原丰，新罗，宛平，同安，候官，罗江，晋安，温麻。"《宋书·州郡志二》亦载："晋安郡，太康三年（282），分建安郡立；罗江县，吴属临海郡，晋武帝立晋安郡，度属；温麻县，太康四年立。"晋安郡所统8县的区位：原丰，太康三年（282）由典船校尉立，治所在今福州靠近晋安区琴亭东侧；候官，治所在今福州靠近闽侯上街西侧，也在闽江近海处。（卢美松主编《福建历史地图集·自然图组》）晋安，即孙吴之东安县，晋武帝改名，治所为今泉州南安丰州镇，地当晋江出海口。同安，今属厦门，离九龙江出海口不远。新罗，治所在今龙岩市新罗区（一说在今长汀县）。（参见胡菊兴《新罗县与长汀县》、张东民《谈古论今话新罗》）宛平由于存在时间不长，且未见复置，具体区位难以考证，学界认为在原丰至新罗滨海地带的沿江之处。

公元4世纪开始，中国历史进入南北分裂、对峙的阶段。南方先后有宋、齐、梁、陈四个政权的更迭，刘宋（420—479）是其中疆域最大、统治年代最长的政权，历4代8帝，共60年。齐（479—502）国祚短暂，只有24年，由于争杀频繁，竟历3代7帝，平均3年一帝，是中国历史上帝王更换频率最快者。梁（502—557）历3代4帝，共56年，其中武帝萧衍个人享国时间最久，几近半个世纪。陈（557—589）首尾凡33年，历3代5帝。陈承衰梁之弊，是版图狭窄、人口少、力量单薄的王朝，加之统治者极度腐败，最终亡于北方强敌之手。历史上把宋、齐、梁、陈南方四朝称之为南朝。南朝的历史是门阀士族由盛而衰的历史，南朝的皇权比较强大，门阀士族社会地位虽然高贵，却已不能完全左右政局。随着江南开发的不断深入，土著汉人政治地位逐渐上升，步入官僚行列，为皇帝所倚重。

刘宋王朝疆域最大要归功于宋武帝刘裕，宋武帝是南朝第一位皇帝，明代李贽《藏书·世纪列传总目》称赞刘裕："宋武帝，自是南朝第一帝也。"刘裕的文治武功都称得上极盛，尤以武功更优。刘裕灭刘毅、卢循、司马休之等割据势力，两次北伐消灭桓楚、西蜀、南燕、后秦等政权，奠定南朝的疆域轮廓，此后的南齐、南梁、南陈都没有突破刘裕时期的疆界。然而在位时间最久、国力最盛者则是宋文帝刘义隆，宋文帝堪称南朝第一"文治"皇帝，三十年间，氓庶蕃息，奉上供徭，止于岁赋。晨出暮归，自事而已，民有所系，吏无苟得，史称"元嘉之治"。

这个时期闽地行政建置多有调整。西晋晋安郡设立后郡治原丰（唐以后改称闽县），辖候官、原丰、温麻（今霞浦）、罗江（治所在今宁德市境内）等8县，地理范围涵括闽东南沿海及闽西地区。西晋以后，荆溪成为闽东地区具有一定规模的聚落中心，原丰、温麻等地聚居人口增多。南朝宋、齐时期，裁撤新罗、宛平、同安3县，仍领闽东4县和晋安县，闽东经济地位明显上升。六朝时期，建瓯是建安郡城所在，闽北地区人口分布相当密集。孙吴景帝永安三年（260），始在闽中设建安郡，于覆船山下筑郡城。南朝宋元嘉初年，迁郡治于黄华山麓，此后相沿不改。据《晋书·地理志》载，建安郡所辖有7县在闽北，为建安（今建瓯）、南平、将乐、建平（今建阳）、东平（今松溪）、昭武（后改邵武）、吴兴（今浦城）；另有闽候、东安两县，一在闽东，一在晋江流域。以建瓯为中心的闽北自此成为福建地区六朝政治与经济的核心地带。至西晋太康三年（282），析建安为建安、晋安两郡，建安郡仍辖全部闽北。南朝刘宋元嘉年间（424—453），晋安郡曾经更名为昌国郡。南朝闽地先后置建安、晋安、梁安等郡，到陈永定（557—559）置闽州，复置丰州，州治晋安，闽中自此自成一州。

三、阮弥之就任昌国郡郡守

前述福建古称“七闽”，并非行政区划之定数，乃出自《周礼》所记“所服国数也”。当时闽族人分布的范围包括闽中地区及周边的浙南、粤东和赣东南省地。乾隆时闽省官员为远洋乡重建的“忠惠阮公祠”题匾称阮弥之为“闽瓯师表”。闽瓯之称体现乡民对闽中地域的认知。族谱载“昌国初为蛮地，俗不知学，弥之教之稼穑，兴学校”。表明南朝时期，闽地受中原王朝管辖，欠缺文明教化。阮弥之主政昌国郡，其教化治绩更显得难能可贵，他应是闽中文教之始祖。史载商周历史上的阮国位于泾渭（今甘肃泾川），东周时迁豫中陈留郡（今河南尉氏县），后蔚为望族。阮弥之与“建安七子”阮瑀、“竹林七贤”阮籍、阮咸同宗。阮氏宗族被称为“中州士族”“南渡世家”，盖因有习儒的传统与重教的门风。阮氏入闽始于南朝刘宋初期。阮弥之任昌国郡守，是在卸任交州刺史的第二年即南朝元嘉二年（425），这可能是他从政生涯的最后职守。他以仁心行惠政，史籍记载他的政绩比较简略，他的文教绩效以及兴农业绩却均可流芳千古。

南朝时期，江南经济获得进一步开发，经济迅速发展，究其原因，除了相对安定的社会环境、北方人民的南下等因素外，地方官吏也发挥了重要作用。他们在江南开发和经济发展的大潮中，以廉洁奉公的精神、勤政爱民的行动，执行朝廷颁布的发展经济、改善民生的政策。在劝课农桑、兴修水利、敦促教化、赈灾救荒等事务中做出了贡献。他们的事迹被史家立传，被百姓修祠树碑颂扬，为后代树立了“循吏”“良吏”的楷模。

阮弥之之所以会被后人冠以“七闽人师”的称号，因为他被朝廷委以昌国（即福建）郡守重任。“七闽”最早记载见于《周礼·夏官·职方氏》：“职方氏掌天下之图，以掌天下之地，辨其邦、国、都、鄙、四夷、八蛮、七闽、九貉、五戎、六狄之人民……”“七”是专指周朝时散居在今福建和浙江南部的七支以蛇为图腾的闽族部落，也可以说是方国，如唐代贾公彦所作《周礼疏》中说：“叔熊居濮如蛮，后子从分为七种，故谓之七闽也。”后来经过历代变迁，福建的别称才由七闽渐渐变成八闽，后来演变成泛指福建。所谓“八闽”，是因为宋朝时在福建路置福州、建州、泉州、漳州、汀州、南剑6个州及邵武、兴化2个军，共计有8个同级行政机构，因而得名。由于福建远离战火纷飞的北方中原一带，所以从秦汉时期开始络绎不绝地有大量北方汉人迁徙入闽。

四、北方汉人，多次入闽形成高潮

秦汉时期，福建尚属蛮荒之地，交通偏僻，人烟稀少，到处深林丛莽，“林中多蝮蛇猛兽，夏月暑时，呕泄霍乱之病相随属”。（《汉书》卷六十四上《严助传》）秦始皇统一中国后，置闽中郡；两汉时期，福建仍然地旷人稀，经济十分落后，到了隋唐五代时期，福建经济有了很大变化，人口迅速增加，生产有了长足进步。北方汉人入闽持续不断，大体可分为以下几个时期：

（一）孙吴时期北方汉人入闽

东汉末年，孙吴崛起江东并向南发展，经营闽中，从建安元年起，孙吴军队五次入闽。第一次，建安元年（196），孙吴南下攻打会稽，会稽太守王朗不敌，由海路奔东冶（今福州），候官长商升起兵支持王朗，后孙策军占领候官（今福州）。（《三国志》卷六十《贺齐传》）第二次，建安八年（203），孙吴将贺齐进兵建安（今建瓯），并把南部都尉从浙江迁到建安，福建反吴势力洪明、洪进、苑御、吴免、华当、吴五、邹临等部先后被打败。（《三国志》卷六十《贺齐传》）孙吴对福建闽江流域确立了统治。第三次，建安十三年（208），孙权派余姚长吕岱为督军校尉，与将军蒋钦等率军入闽，平定会稽东冶的吕合、秦狼起义，安抚东冶（今福州）五县。（《三国志》卷六十《吕岱传》）第四次，吴嘉禾四年（235），孙权又派吕岱督率刘纂、唐咨等进兵，攻打会稽东冶的随春，随春即时首降，孙吴"得恶民以供赋役"。（《三国志》卷六十《吕岱传》）第五次，吴太平二年（257），建安、鄱阳、新都三郡"山民作乱"，吴中书令钟离牧任监军使者，镇压了建安等地的"山越"起义。孙吴经过五次用兵，数十年苦心经营，基本上建立和巩固了对福建的统治，在闽地设立建安郡。孙吴军队五次入闽，入闽部队数量很多，休战后一些将士留驻福建，与当地人通婚定居，也有带家眷的孙吴军人定居福建，如惠安县黄氏祖先黄兴，"吴孙权将也，与妻曹氏弃官入闽，居邑南之风山"。（嘉庆《惠安县志》卷三十《宦贤传·黄兴》）

（二）西晋时期北方汉人入闽

西晋统一中国后，太康年间经济发展，社会逐渐安定，由于人口增长和生产发展，太康三年（282）分建安郡为建安、晋安两郡。惠帝时因"八王之乱"，战争频仍，西晋末永嘉年间，中原人民纷纷南下避乱。汉人再次大批入闽。乾隆《福州府志》引宋人路振《九国志》载："晋永嘉二年（308）中州板荡，衣冠始入闽者八族，林、黄、陈、郑、詹、丘、何、胡是也。以中原多事，畏难怀居，无复北向，故六朝间仕宦名迹，鲜有闻者。"（乾隆《福州府志》卷七十五《外纪一》）民国《建瓯县志》载："晋永嘉末，中原丧乱，士大夫多携家避难入闽，建为闽上游，大率流寓者居多。时危京期建州，亦率其乡族来避兵，遂以占籍。"（民国《建瓯县志》卷十九《礼俗志》）

实际上北方汉人并非均在永嘉年间入闽，入闽者也并非只有八姓，而且并非全是衣冠士族。乾隆《福州府志》记载反映：大规模北方汉人入闽是在永嘉年间及其以后，永嘉年间是北方汉人入闽的高峰期。

（三）东晋时期北方汉人入闽

东晋时期，南北分立，北方汉人纷纷南下。据《太平御览》引《十道志》载："泉州清源郡，秦汉土地，与长乐同。东晋南渡，衣冠士族，多萃其地，以求安堵，因立晋安郡。"南渡的北方汉人不仅定居于闽江流域，而且不少又南迁至晋江两岸，定居在晋江流域的陈姓汉人地主豪族已经占有大量田地并拥有私人武装（即"部曲"）。东晋末年卢循起义，于元兴二年（403）由永嘉攻入晋安，在福建活动达三年之久，起义失败后，卢循余部还散居在福建沿海。宋乐史《太平寰宇记》"泉州风俗"条载："泉即此州之夷户，亦曰游艇子，即卢循之余。晋末卢循寇暴，为刘裕所灭。遗种逃叛，散居山海，至今种类尚繁。"

（四）南朝时期北方汉人入闽

南朝宋、齐、梁、陈四个朝代，首尾170年，其间不断有北方汉人南下迁入福建；规模最大者，当推梁末侯景之乱时士族南迁。侯景叛军在江东一带烧杀抢掠，社会经济遭到极大破坏，"千里绝烟，人迹罕见，白骨成聚，如丘陇焉"。（《南史》卷八十《侯景传》）劫后余生的民众被迫逃难，福建地近江东，成了天然避乱之所。据《陈书·世祖纪》载：天嘉六年（565）三月乙未诏："侯景以来，遭乱移在建安、晋安、义安郡者，并许还本土，其被略为奴婢者，释为良民。"说明迁移到福建的民众数量很多，他们处境悲惨，很多被抢掠为奴隶。

北方汉人入闽大致有孙吴、西晋、东晋、南朝四个时期，经历孙吴入闽、永嘉之乱、卢循入闽、侯景之乱四次事件。当然，北方汉人入闽实乃渐进过程，并非都是在高潮时涌入闽中，在低潮时也有汉人入闽。以下以北方汉人入闽出发地或必经之地光州固始为例加以说明。

光州固始位于今河南省东南，南靠大别山，北临淮河，东与安徽相邻，就地貌而言南部为山区和丘陵；北部为淮河及其支流冲积平原，地势平坦。光州固始所在的史灌河流域通过淮河干流与华东地区连通，是中原地区进入华东的咽喉要地。它在春秋时期处于吴、楚两国交界处，秦汉以降时而属于中原地区的豫州，时而属于东南部的扬州，因而有“吴头楚尾”“豫南扬北”之称。它是南北交会之地、东西连通之区同，地理位置十分重要，历来为兵家必争之地。光州固始一带也是民族交会、融合的重要地区。先秦时期，这里就有华夏、苗蛮和东夷人居住的部族和封国存在；魏晋南北朝时期，南部山区又有众多蛮民居住。

西晋末永嘉年间，中原地区汉人不断背井离乡辗转迁往南方，史称“永嘉南迁”。大批汉人南迁，南迁士人多渡淮渡江到达江、浙、赣、闽和岭南地区。光州固始人入闽较早，据有关家谱记载，东汉末有光州固始人黄道隆曾任会稽县令，后避乱入闽，成为锦田黄氏之祖。南迁汉人不仅增加了闽地劳动人手，而且带去先进的生产技术，对闽地的经济开发起到了促进作用。“永嘉南迁”时有不少中原汉人从光州固始一带辗转入闽。“永嘉二年中原板荡，衣冠始入闽者八族：林、黄、陈、郑、詹、丘、何、胡是也。”（何乔远《闽书》）“永嘉之乱中原士族林、黄、陈、郑先入闽，今闽人皆称固始人。”（嘉靖《固始县志》卷七《人物志》）

《福安阮氏族谱》载颇多光州固始阮氏宗亲迁徙入闽，定居福安：“唐咸通年间（860—874），河南光州固始人阮晏奉命运粮入闽，定居福安溪东，次年移居灵岩。唐末，京畿陈留郡人阮能（字仲仁），娶吴氏，于唐广明元年（880）避黄巢乱，迁河南光州固始，又于乾宁初（894）携其七子，随王潮兄弟入闽。为本系入闽始祖。”以上是阮宴派系。还可以举阮能派系如下：

阮能，字文智、一字仲仁，京畿陈留郡（今尉氏）人，“竹林七贤”阮咸三十一世孙，娶吴氏于唐广明元年（880），避黄巢乱迁河南光州固始，后于乾宁初（894）携其七子，参加王绪起义军，继随王潮、王审知兄弟，由南康抵临汀、陷漳浦、取泉州，入福州，为本系入闽始祖。王潮为福建观察使后，阮能七子各授官职，显于闽。

长子希颜，兴化太守。

次子希郡，福州太守。

三子希畋，泉州千总。迁居长溪西乡（福安），为樟港、大留支派开基祖。宋时，曾有父子文武举人、父子蝉联进士、兄弟进士的佳话。

四子希磻，漳州太守。其子少春，罗源县令，迁罗源鳌峰岭樟溪。

五子希袭，闽王驸马。

六子希实，为闽王随驾御统领。

七子希郜，有孙少盛、少伟。阮少盛，梁开平二年进士，官至侍御使。初为福州刺史，因监感德盐场而居宁德彰湾，为肇基始祖。北宋末，少盛七世孙宁夏统制阮楚，观塘边（下白石英平村旧称）山清水秀，左右峰峦起伏如龟蛇交舞，气势雄奇，遂肇基于此，生息繁衍，阮楚即英平阮氏开基祖（一说为阮楚五公子阮兰肇基塘边）。

仅从河南光州固始一地就可以了解西晋至南朝时期中原汉人大规模入闽的景象，可知这个阶段从北方各地涌入福建的移民众多。

唐末五代，因中原战乱加速中国经济重心南移。福建由于远离战火，成为中原人士心目中的“世外桃源”，辗转入闽的北方人口逐年迅速递增。唐元和年间，福建仅有 74467 户，到北宋太平兴国年间，增至 467815 户；元丰初，又增至 1043839 户。南宋绍兴三十二年（1162），福建总户数为 1390566，口为 2808851（由于宋代人口只计男丁而不计女口，因而此数应当翻一倍）。嘉定十六年（1223），由于北方人民大量迁入，福建户数和口数已分别达到 1599214 和 3230578。（详见李吉甫《元和郡县志》卷二十九“江南道”；乐史《太平寰宇记》卷一百“江南东道”；王存《元丰九域志》卷九“福建路”）这种增长速度当盖过江南各路。由于耕地增加远远落后于人口增加，导致福建地狭人稠的矛盾更加突出，因为“宋都杭，入闽之族益众，始无不耕之地”。（黄仲昭《邵武府志》卷五）人口剧增成为推动宋代福州经济快速增长的动力。

阮弥之入闽之时，福建仍是荒凉之地。六朝时期福建地区先后形成闽北建瓯、闽东闽侯和闽南丰州三个区域经济中心。

史籍中有大量六朝时期北方汉民迁入福建地域的记载。宋王象之《舆地纪胜》卷一百三十《泉州·景物上》载：“县南一里，以晋之衣冠避地者多沿江而居。”《泉州府志》载：“城南曰晋江，晋南渡时，衣冠士族避地于此，沿江而居，故曰晋江。”学者认为，两晋南北朝时期迁入闽地的北方汉人，社会身份十分复杂，既有衣冠大族、豪强官宦，也有下层贫民、逃亡流寓者，各阶层人中都有大批成员或代表人物在社会大动荡时期南迁闽中。（陈支平《福建六大民系》）西晋以来，福建地区设置郡县以进行行政管理，实行郡、县、乡、里、村的五级行政管理体制。乡下为里，里置里吏。梁、陈称里司，里下有村，村有村长，又称村司。在这种行政体系下，以郡守、县令（长）、乡啬夫、里吏（司）、村长（司）为层级的行政管理人员，分级管理区域内居民。六朝时期，南方政权重视铁器生产，江南冶铁业最先发展起来，在有铁矿的各县均设置铁官。

综上所述，阮弥之入闽时期，福建的经济与文化水平正在告别落后而稳步推进。

第二节　开拓阡陌　教民稼穑

阮弥之入闽之前，交州（即越南）战乱蜂起，他奉朝廷之命，奔赴交州任职，虽然在交州刺史任上时间短暂，但是对阮弥之却是一个极好的历练。等到他进入福建，就可以很快地适应气候、地理环境以及人文环境。

一、阮弥之从政的时代背景

沈约《宋书》卷九十二良吏传详细记录了太守一级杰出人物，这些人大都担任过交州太守，朝廷应是有意识地派遣他们到条件艰苦的交州去磨练，包括阮弥之亦如此。阮弥之在交州取得成功，因而调回江左之后就得到朝廷重用。

《宋书》具体载述王镇之、杜慧度、徐豁、陆徽四位杰出官员的生平，他们基本上与阮弥之同时期，代表了廉洁奉公的精英人士，而且与阮弥之均有来往，同僚之间树立正气，彼此勉励，互相影响，有利于提高官员素质。阮弥之长期接受良好家风的熏陶，加之周围官员的奉公守法与洁身自爱的影响，造就了他的高尚情操。

二、阮弥之就任交州刺史

（一）交州民风与阮弥之的功绩

林邑等地为海南诸国，大都在交州以南及西南大海岛上。汉武帝元鼎年间，派伏波将军路博德开发百越，设置日南等郡。其界外各国，自汉武帝以来都向中国朝贡。后汉桓帝时，大秦、天竺都从这条道上派遣使者来朝进献贡品。东吴孙权时，朝廷派遣宣化从事朱应、中郎康泰和各国通使。他们沿途所经过和听闻的则有一百数十个国家，于是便把这些国家载入传记。晋代通中国的外国使者可能很少，以致史官记载缺失。到了南朝宋、齐、梁，外国使者常年向朝廷进贡，常有海船到来。

林邑国，本是汉朝日南郡象林县，古越裳国的地界。其地方纵横大约六百里。城离海一百二十里，离日南郡南部边界四百多里，北接九德郡。其南部边界，沿道路有河流二百余里，界外有西图夷也称王。马援在那里立了两根铜柱，以标志汉朝的国界。林邑国有金山，石头都是红色，其中生金子。金子夜间从石头里飞出来，样子像萤火。汉末大乱时，功曹区连杀县令，自立为王。过了几代，因国王无子嗣，外甥范熊代立。范熊死，儿子范逸继位。晋成帝咸康三年（337），范逸死，一个叫文的奴仆篡位。文本是日南郡西卷县夷人头领范幼的家奴，曾经在山涧里放牛。范幼曾派他到林邑经商，他在那儿教林邑王建宫室、造兵车器械，王宠爱信任他。后来他在王子中间散布离间谗言，结果王子们都逃奔到别国去。等到国王死后无嗣，文假说到邻国去迎王子回来，在浆中下毒毒死了王子，胁迫国人立他为王。当时交州刺史姜庄派他的亲信韩戢、谢幼前往后监管日南郡，二人都贪婪残暴，各国都厌恨他们。晋穆帝永和三年（347）朝廷派夏侯览为太守，对百姓欺压刻剥更厉害。林邑历来没什么耕地，夏侯览贪图日南郡土地肥沃，常想夺为己有。这时文趁着人们的怨恨情绪，袭杀夏侯览，用他的尸体祭天。林邑人留在日南郡三年，才回归林邑。交州刺史朱藩后来派督护刘雄驻防日南，又被文消灭，还进犯九德郡，杀害官吏百姓。文派使者告诉朱藩，愿以日南郡北境横山为界，朱藩不答应。文回到林邑，不久又屯兵日南。文死后，儿子佛继位，仍旧驻军日南。征西将军桓温派都护滕畯、九真太守灌邃讨伐他，追到林邑，佛才请求投降。晋安帝隆安三年（399），佛的孙子须达又常率兵进犯日南、九德诸郡，杀伤了很多人，交州变得虚弱了。须达死后，儿子敌真继位，其弟敌铠带着母亲出逃。敌真追悔自己不能容下母亲、弟弟，就舍弃国家到天竺去了，把王位让给自己的外甥。国相臧駘一再劝说他也不听。他的外甥为王后杀了臧駘，臧駘的儿子又攻杀了他，立敌铠的同母异父弟文敌为王。文敌又被扶南王的儿子当根纯杀死。大臣范诸农平定动乱，自立为王。诸农死后，其子阳迈继位。阳迈还没生下来时，他母亲梦见生儿子进，有人用金席给她铺上，色彩光亮华丽。夷人把金子的上品叫作阳迈，于是就为他起名阳迈。宋永初二年（421），派使臣来朝贡，宋朝便册封阳迈为林邑王。阳迈死，儿子咄继位，因仰慕父亲也取名阳迈。

元嘉初年，阳迈侵犯日南、九德诸郡。交州刺史杜弘文打算兴兵讨伐，听说就要有继任者来替换他，便作罢。元嘉八年（431），又进犯九德郡，进入四会浦口。交州刺史阮弥之派队主相道生率兵讨伐，攻打区栗城不下，就引兵退回，无功而返。元嘉十二年（435）、十五年（438）、十六年（439）、十八年（441），阳迈都派使者来宋朝进贡，所贡物品粗劣不值钱，却仍还侵掠不止。宋文帝恼恨他桀骜不驯，元嘉二十三年（446），派交州刺史檀和之、振武将军宗悫讨伐阳迈。檀和之派司马萧景宪为前锋，阳迈听说后害怕，打算献出金子一万斤、银子十万斤、铜三十万斤，并归还掠夺来的日南郡人口。他的大臣毒僧达极力劝阻，他打消这个主意。遂派遣大帅范扶龙防守北界的区栗城。景宪攻克城池，乘胜拿下林邑国，阳迈父子都脱身逃走。刘宋军队缴获他们的珍异物品，都是叫不上名字的宝贝。又把他们的金人熔化，得到黄金数十万斤。檀和之是高平金乡人，檀凭之的儿子，因功封云杜县子。孝建三年（456），任南兖州刺史，因为酗酒，贪污受贿，奸污女犯人，被免官并不准再任用。后来病死，死前看见胡神作祟。被追赠左将军，谥为“襄子”。从永初至景平年间，阮弥之在交州郡守任上兢兢业业地管理异域民族的生产与文化，及时扑灭内讧与叛乱，得到刘宋朝廷的赞许。

宋孝武帝孝建二年（455），林邑国派遣长史范龙跋出使朝贡，朝廷封龙跋为扬武将军。大明二年（458），林邑王范神成遣长史范流拜表献金银器、香、布等东西。明帝泰豫元年（472）又派使者进献地方土产。齐永明年间，范文赞屡次派使者朝贡。梁天监九年（510）文赞的儿子天凯奉献白猴，朝廷下诏加封持节、督沿海诸军事、威南将军、林邑王。天凯死，儿子弼毳跋摩继位，拜表朝贡。普通七年（526），林邑王高戍胜铠遣使臣贡献地方物产，朝廷下诏封持节、督沿海诸军事、绥南将军、林邑王。大通元年（527），又派使节进贡。中大通二年（530），林邑王高戍律罗跋摩派使臣朝贡，下诏封他为持节、督缘海诸军事、绥南将军、林邑王。六年（534）又派使者贡献地方物产。广州附近山中都是狸人、獠人，种类繁多，从古至今屡屡为害地方，成为历代的忧患。宋孝武帝大明年间，合浦大帅陈檀归顺，被拜为龙骧将军，陈檀请官军征讨那些没有归附者，于是被任命为高兴郡太守，派前朱提郡太守费沈、龙骧将军武期南伐，并打通通往朱崖的道路，都未能成功。他们私自杀了陈檀回兵，费沈被下狱治死。

扶南国在日南郡之南，海西的大湾中，离日南大约七千里，离林邑国西南三千余里。城离海五百里，有大江宽十里，从西向东流入大海。其国土面积方圆三千余里，土地低下而平坦辽阔，气候风俗大体和林邑相同。出产金、银、铜、锡、沉木香、象、犀牛、孔雀、五色鹦鹉。它的南部边界三千里外有顿逊国，在海湾上，方圆千里，城离海边十里。有五个王，都隶属扶南国。顿逊国东部边界和交州商人通商。西部边界连接天竺、安息境外诸国，和他们往返交易。其市场东西方交汇，一天有万余人，珍稀物品、宝贵货物无所不有。扶南国风俗本是赤身裸体，文身披发，不做衣服，以女人为王，号称“柳叶”。女王年轻健壮，和男子一样。扶南的国法，不设监牢，有告状的，就先戒斋三天，把斧子烧得通红，让告状者捧着走七步。又把金环、鸡蛋扔进滚水里，让告状者取出来，如果不诚实手当时就烂，有理的就不烂。又在城沟中养鳄鱼，门外圈猛兽。有罪的人往往被投喂猛兽和鳄鱼，鱼、兽如果不吃就说明无罪，过三天把他放出来。鳄鱼大的有三丈多长，形状像中国的猪婆龙，有四条腿，嘴长六七尺，两边有牙齿利如刀剑，常吃鱼，碰上鲔鹿和人也吃，苍梧以南和外国都有。

东吴时，派中郎康泰、宣化从事朱应出使范寻的国家。国人还是裸体，只有妇女穿着贯头服。康泰、朱应对范寻说："你们国家的确很好，但人都裸露着太叫人看不惯。"范寻于是令国中男子围上横幅。有钱人裁锦制作，穷人用布。

晋武帝太康年间，范寻开始派使者朝贡。穆帝升平元年（357），国王竺旃檀奏献驯象，朝廷下诏让停，说是劳民伤财。后来的王叫憍陈如，本是天竺的婆罗门，有神告诉他要作扶南国王。憍陈如心里高兴，南来见盘盘。扶南人听说后，全国欣喜拥戴，迎立为王。又改变制度，用天竺的法规。憍陈如死，后来的王是跋摩，宋文帝元嘉十一年（434）、十二年、十五年，上表贡献地方物产。齐永明年间，扶南国派使臣朝贡。梁天监二年（503），跋摩又派使者送珊瑚佛像，并献地方物产。朝廷下诏封他为安南将军、扶南王。

扶南国人长相丑陋，黑发卷曲，所居之处不打井，数十家共用一个水池打水。习惯供奉天神，天神用铜铸成，两张脸者四只手，四张脸者八只手，手里都拿着东西，有的是小孩，有的是鸟兽，有的是日月。国王出入乘象，嫔妃侍从也是这样。王的坐姿是偏蹲翘膝，左膝跪在地上，用一块白棉布铺在面前，在上边摆上金盆香炉。国内风俗是，家中死了人就剃去须发。死者有四种葬法：水葬就扔进江里，火葬烧成灰烬，土葬就埋掉，鸟葬扔在荒野中。人的性情贪婪无礼义，男女随便追逐私奔。

（二）历任交州刺史

从《汉书》《后汉书》《三国志》《晋书》《南史》《北史》《新旧唐书》等，可以检索曾经任职交州官员的经历与事迹，亦可与阮弥之的从政经历相印证。

西汉元封五年（前 106）设置交趾刺史部，督察所管辖的各郡国，治所在苍梧郡。简任石戴为交趾刺史，驻守在麋冷（今越南永富省安郎），统管九个郡。最初几任刺史大多都因为地处荒远，行路艰难，故很少前往督察，部吏得以恣意妄为，贪赃枉法。罗宏既至，发苍梧，春征冬息，偏历所部，咨询民间疾苦，为之剂调，稽察吏治。

西汉元封五年（前 106）之后，陆续有石戴、罗宏等继任交州刺史。东汉初年即公元二世纪末年，有交州刺史贾琮与周乘。

建安八年（203），交州刺史朱符为蛮夷所杀，之后，朝廷遣派张津为交州刺史。建安六年（206）张津被其部将区景所杀。荆州牧刘表遣零陵人赖恭代张津之任。当时苍梧太守史璜身死，刘表又遣吴巨代之，吴巨与赖恭俱至交州。吴巨举兵攻赖恭，赖恭被逐还零陵。

东汉建安十五年（210），孙权任命步骘为交州刺史，而吴巨怀有异心，最后被步骘所斩。东汉延康元年（220），孙权派吕岱接替步骘为交州刺史。226 年士燮去世后，吕岱上表建议孙权分出海南三郡组成交州，让将军戴良任刺史，海东四郡组成广州，吕岱自任刺史。士徽不服，出兵海口，于是撤销广州，仍恢复为以前的交州。

东汉明帝齐王元年（248），“交部骚动”。赵夫人领导民众起义杀死交州刺史。东吴大惊，特派名将陆胤担任交州刺史。

曹魏元帝咸熙元年（264），吴“复分交州置广州”。

西晋初年，交州刺史杨稷（？—271）。晋武帝泰始七年（271）继承曹魏之后，通过益州、南中派杨稷等领兵到交州，大破吴军。以稷为交州刺史，印绶未至而败，即追赠交州刺史。东吴大都督薛珝、苍梧太守陶磺等率兵击败西晋，重新掌握交州。

西晋以吾彦接替陶璜，任“南中都督，交州刺史”。（《晋书》卷57《吾彦传》）永嘉三年（315）陶侃任广州刺史，击败谋据广州的交州刺史王机及杜弢部将杜弘等，平定广州。太宁元年（323），陶侃受诏领交州刺史。宋武帝以慧度长子弘文为振远将军、交州刺史。

东晋永和三年（347），弘文率其众攻陷日南（今郡地），遂据其地，告交州刺史朱蕃。东晋元嘉初年，阳迈侵暴日南、九德诸郡，交州刺史杜弘文建牙欲讨之，闻有代乃止。八年（431），又寇九德郡，入四会浦口。交州刺史阮弥之遣队赴讨。梁武帝的侄子、武林侯，往萧谘交州刺史。

元嘉时（424—453），檀和之出任交州刺史。元嘉中，胡藩（372—433）卒，藩诸子多不遵法度，十六子诞世，十七子茂世，后欲奉庶人义康，交州刺史檀和之至豫章讨平之。杜慧度（374—423），东晋、刘宋之际的封疆大吏，籍贯本为京兆（今陕西西安），生于交趾朱鸜（今越南河内东南），乃交州刺史杜瑗之子。义熙七年（411），父卒继任。同年，大破卢循于龙编（今越南河内东），卢循投水死。杜慧度斩卢循，传首建康，被封为龙编县侯。义熙九年（413），杜慧度击溃侵犯九真郡之林邑王范胡达。宋武帝时，进号辅国将军，击降林邑。景平中卒，赠左将军。

晋、宋、齐等朝，交州民众的抵抗运动时起时伏，领导起义的首领（大部分是属于刚刚形成的当地土豪贵族）自动接替刺史职位，对朝廷造成既成事实，如梁硕（319—323），李长仁、李叔献（468—485）等。梁大同六年（540），萧映到广州任刺史。

梁大同八年（542），龙兴（今越南太平省）人李贲起义。大同十年（544）建国号为“万春”，即越南前李朝。梁大同十年（544）冬，萧映在广州病亡。同年，梁武帝诏命陈霸先为交州司马，领武平（今越南永安附近）太守，随新任交州刺史杨日票前往交州讨伐李贲。梁简文帝大宝元年（550）正月，陈霸先大军从始兴出发，抵达大庾岭，击败奉萧勃之命在南野（今江西南康以南）拦截的蔡路养，乘胜进驻南康。陈霸先被萧绎授为明威将军、交州刺史。陈宣帝太建三年（571），李贲之兄李天宝手下李佛子占领交州。后因李佛子不愿朝觐隋朝，被隋朝军队俘虏，押解回朝。交州遂归顺隋朝。

唐朝分岭南为广州、桂州、容州、邕州和交州五个都护府，简称岭南五管。交州辖今越南等地。唐高祖武德七年（624）改称都督府，唐高宗仪凤四年（679）又改为安南都护府。交州从此正式被称作安南。唐武德七年（624），朝廷下诏拜王使持节都督交州诸军事、交州刺史。

综上所述，阮弥之当时是在极其危险、艰难、困苦的条件下担任交州郡守的，直到奉调入闽出任昌国郡守。这一段艰苦卓绝的域外经历，奠定了他在福建从政的坚实基础。

三、阮弥之鞠躬尽瘁、奋不顾身

南朝时期，江南经济获得进一步开发并迅速发展，究其原因，除了相对安定的社会环境、北方人民的南下之外，南朝的地方官吏的管治也起着重要作用。他们在江南经济开发和发展的大潮中，以廉洁奉公的精神、勤政爱民的行动，积极推动各项政策，在劝课农桑、兴修水利、敦行教化、赈灾救荒等都做出了贡献。他们的事迹有的被史家立传记载百姓修祠树碑颂念，为后代树立了“循吏”“良吏”的楷模。（杨钰侠《南朝地方官吏对开发江南地区的贡献》）

（一）官吏刚正不阿风气影响阮弥之

《南史》列传记载一批廉洁奉公、刚正不阿的官员。

宋武帝既累破袄贼，功名日盛，敬宣深相凭结。（中略）元兴元年，牢之南讨桓玄，元显为征讨大都督，日夜昏酣。牢之以道子昏闇，元显淫凶，虑平玄之日，乱政方始；会玄遣信说牢之，牢之欲假手于玄诛执政，然后乘玄之隙，可以得志天下。将许玄降。敬宣谏恐玄威望既成，则难图。牢之怒曰："吾岂不知今日取之如反复手，但平后令我奈骠骑何？"遣敬宣为任。（中略）会宋武帝平京口，手书召敬宣，即驰还，袭封武冈县男，后拜江州刺史。刘毅之少，人或以雄桀许之。敬宣曰："此人外宽内忌，自伐而尚人，若一旦遭逢，当以陵上取祸。"毅闻深恨。及在江陵，知敬宣还，寻知为江州，大骇惋。敬宣愈不自安。安帝反正，自表求解。武帝恩款周洽，所赐莫与爲比。敬宣女嫁，赐钱三百万，杂彩千匹。帝方大相宠任，欲令立功。义熙三年，表遣敬宣伐蜀。博士周祇谏，以爲"道远运漕难继，毛修之家雠不雪，不应以得死为恨。刘敬宣蒙生存之恩，亦宜性命仰答。将军欲驱二死之甘心，忘国家之重计，愚情窃所未安"。不从。假敬宣节，监征蜀诸军事。敬宣至黄武，去成都五百里，食尽，遇疾疫而还。爲有司奏免官。

文中强调为官须廉洁奉公且刚正不阿，不趋炎附势，阮弥之身体力行，深受教育。

（二）广辟农田、劝课农桑

我国历来重视农业，《管子・治国篇》说："夫富国多粟，生于农"。南朝时期虽然连年战争，兵戈扰攘，但各朝政权为增强割据实力，都是以强本抑末为目标，以孝悌力田为明训，以"重农""急农"为基本国策。南方各朝与其他朝代不一样在于：一是经济开发起步较晚，还有大量荒地未曾开垦；二是北方人民大量南下，不仅带来先进的农业生产技术，而且有了充足的土地开发劳动力。因此各朝统治者都把广辟农田、劝课农桑作为对地方官吏奖惩黜陟的依据。在这种政策导向下，各朝地方官吏积极贯彻与民休息的政策，劝课农桑，督促农事十分勤勉。譬如《宋书・孔灵符传》载，刘宋时期孔灵符出任会稽太守。当时会稽山阴等地农民大量破产，孔灵符向朝廷建议"徙无资之家于余姚、鄞、鄮三县界，垦起湖田"。不久，这三县被围垦的湖田"并成良业"。（李延寿《南史》卷二十七）为破产农民依附土地提供了条件。孔灵符（？—465），山阴（今绍兴）人。会稽内史孔季恭之子。南朝宋文帝元嘉（424—453）末年，为南谯王刘义宣司空长史、南郡太守，尚书吏部郎。孝武帝大明初年，由侍中为辅国将军、郢州刺史，入为丹阳尹，又出为会稽太守，后又加豫章王刘子尚抚军长吏。灵符以山阴县人多田少，曾向朝廷建议，将贫民迁徙余姚、鄞、鄮三县，垦种湖田。公卿讨论，多以为不便，孝武独从其议，于是贫民有地可耕，荒地成了良田。孔家本广有田产，后又在永兴（今萧山）建立田庄，周围33里，占有水陆土地265顷，果园9处，被有司举发，灵符未据实答对，因此被免官。后又起用为寻阳王刘子房右军长史。前废帝景和元年（465），因得罪宠幸近臣，被鞭杀，二子同时赐死。明帝即位，追赠金紫光禄大夫，著有《会稽记》。申恬，宋武帝时为青州刺史，当时“齐地连岁兴兵，百姓凋敝”。恬防御边境，仍努力劝课农桑，使齐地“二三年间，遂皆优实”。沈璃，宋明帝时为建德令，要求百姓“一丁种十五株桑，四株柿及梨栗，女子丁半之。人咸欢悦，顷之成林”。（李延寿《南史》卷七十）梁中大通二年（530），陈庆之除南北司二州刺史，“开田六千顷，二年之后，仓廪充实”。（姚思廉《宋书》卷三十二）徐擒，梁中大通三年，在新安太守任上，“为政清净，教人礼仪，劝课农桑，期月之中风俗便改”。（李延寿《南史》卷七十）梁天监六年（507），孙谦为零陵太守，“常劝课农桑，务进地利，收入常多于邻境”。（姚思廉《宋书》卷五十三）姚察，陈元帝时曾为察原令，“时邑境萧条，流亡不反，察轻其赋役，劝以耕种，于是户口殷盛”。（姚思廉《陈书》卷二十七）

南朝地方官吏清静无为、督劝农事的举措，使农民有相对宽松的生存条件，生产积极性大大提高。因此农业逐渐得到恢复与发展，开始呈现出兴旺发达的良好形势，农业经济在中央朝廷与地方官吏的双重推动下得到较大发展。阮弥之深受这些清正廉洁且奋发有为的官吏影响，入闽之后也不断地采取相同举措，尤其是重视水利工程建设，大力发展农业生产，取得了相应的经济效果，深得老百姓的拥戴。

（三）安置流民、安抚少数民族，维护地方政权的稳定

南朝时期除战乱外，影响社会安定的因素还有来自两个方面：一是流民，汉末以来北方社会动荡不安，为躲避战乱，人民大量南迁，背井离乡，失去正常而稳定的生活。二是少数民族，当时南方山里居住着很多的蛮、獠、俚等土著民族，社会经济的发展要求他们向平原移居并与汉族融合。这两个问题处理不当，轻者扰乱地方，重者威胁中央王朝。因而如何贯彻朝廷政策，采取中庸、变通的方式，妥善安置流民、安抚少数民族，以化解矛盾，因势利导，就成为地方官吏维护政权稳定的重要任务。对于脱离土地生产资料的流民，各朝地方官吏主要是推动开发土地，让流民有所依附，以解决他们的生存危机。譬如：宋文帝元嘉年间，刘义欣“于时土境荒毁，人民凋散，城郭颓败，盗贼分行，义欣纲维补缉，随宜经理，劫盗所经，立讨诛之，境内畏服，道不拾遗，城府库藏并皆充实，遂为盛藩强镇”。（沈约《宋书》卷五十一）齐明帝时，范述出为永嘉太守，“所部横阳县山谷险峻，为逋逃所聚，前后两千石讨捕莫能息。述曾下车，开示恩信，凡诸凶党，襁负而出，编户属籍者二百余家。自是商旅流通，居人安业。”（李延寿《南史》卷七十）萧嶷在荆州时，安置流民颇有成效：“旧楚萧条，仍岁多故，荒民散亡，实须缉理。公临莅甫尔，英风惟穆，江、汉来苏，八州慕义。自庾亮以来，荆楚无复如此美政。”（萧子显《南齐书》卷二十二）南齐建元二年（480），齐高帝派吕安国前往司州安抚流民，将其编入当地户籍。诏书说，“郢、司之间，流杂繁广，宜并加区判，定其属籍”。（萧子显《南齐书》卷二十九）史书记载这项工作进展顺利，“民殆无惊恐”。（萧子显《南齐书》卷二十四）范云，齐武帝时为始兴内史，“边带蛮、俚，尤多盗贼，前后使皆以兵刃自卫。云入境，抚以恩德，罢亭侯，商贾露宿，郡中称为神明”。（李延寿《南史》卷五十七）梁武帝时，张瓒为梁州刺史，当时“州界零陵、衡阳等郡有莫徭蛮者，依山险为居，历政不宾服，因此向化。益阳县人作田二顷，皆异亩同颖。在政四年，流人自归，户口增十余万，州境大宁”。（李延寿《南史》卷六十）取得出色的治理成果。

南朝的地方官吏在处理蛮族问题上主要采取怀柔安抚为主的政策。一种方式是将蛮族引出深山老林定居，如刘道产在元嘉年间出临荆襄，“善于临民，在雍部政绩尤著，蛮夷前后叛戾不受化者，并皆顺服。悉出缘沔为居，百姓丰赡，由此有《襄阳乐歌》，自道产始也”。（李延寿《南史》卷十七）另外一种方式是恩惠安抚，如：孙谦，宋明帝时为巴东、建平二郡太守，“郡居三峡，恒以威力镇之”，孙谦就任前，明帝让他招募役人跟随。孙谦不愿，认为“蛮夷不宾盖待之失节耳，何烦兵役，以为国费”。到郡以后，“布恩惠之化，蛮獠怀之，鼓饷金宝。谦慰喻而遣，一无所纳。及掠得生口。皆放还家。奉秩出吏人者，悉原除之。郡境翕然，威思大著”。（李延寿《南史》卷七十）

蛮族人口走出深山重岭，与汉民共同生产生活，大大加强开发地方经济的力量，也使得蛮族逐渐定居成为村落，既使南朝政府的编户人口有所增加，也成为赋税收入的另一来源。当然，这中间也有对蛮族武装反抗的平定。自刘宋以来，由于对蛮政策失当，致使蛮族时常暴乱，行路不通，商旅断绝，对社会秩序与社会生产生活破坏甚大。虽然征讨给蛮族人民带来灾难，但从地区开发而言，无论是自愿归化，还是强迫迁徙出山，都使得蛮族人民与汉族广泛杂居，极大地补充了农业生产劳动力，对安定社会秩序也起到积极作用。阮弥之在闽期间，正是对少数民族安置、发展生产方面做了大量工作。同样的，阮弥之在刘宋元嘉二年（425）担任昌国郡守的任上，因交州内乱，遂于元嘉八年又奉朝廷之命重新披挂战袍前往平叛，因而深得宋文帝赏识。

（四）恩威并济

维护地方治安是衡量南朝地方官吏政绩主要方面。

宋明帝泰始三年（467），蔡兴宗迁会稽太守，史载“会稽多诸豪右，不尊王宪，幸臣近习，参半宫省。封略山湖，妨人害政，兴宗皆以法绳之。又以王公妃主多立邸舍，子息滋长，督责无穷，启罢省之。”（李延寿《南史》卷二十九）王猛，陈宣帝太建年间为晋陵太守，“威惠兼举，奸盗屏迹，富商野次，云‘以付王府君’。郡人歌之，以比汉之赵广汉”。（李延寿《南史》卷二十四）

梁大同年间，刘潜出为临海太守，“时政纲疏阔，百姓多不遵禁”，刘潜到后，“宣示条例，励精绥抚，境内翕然，风俗大革”。（姚思廉《宋书》卷四十一）顾宪之，齐武帝时为东中郎长史、行会稽郡事。当时山阴人吕文度有宠于齐武帝，“于余姚立邸，颇纵横。宪之至郡，即日除之”。后迁南中郎巴陵王长史、南兖、南豫二州事。“时司徒、竟陵王于宣城、临城、定陵三县立屯，封山泽数百里，禁人樵采。宪之固陈不可，言甚切直。王曰‘非君无以闻此德音’，即命罢屯禁。”（姚思廉《宋书》卷五十二）梁武帝时，诏江革为武陵王长史、会稽郡丞行府州事。当时“郡境殷广，辞讼日数百，革分判辨析，会无疑滞，功必赏，过必罚，民安吏畏，百城震恐”。后又监吴郡“时境内荒俭，劫道公。革至郡，唯有公给杖身二十人，百姓皆惧不能静寇，革乃广施恩惠，盗贼静息”。（李延寿《南史》卷六十）

一些地方官吏还有平冤断狱的突出才能。付琰，仕宋为武康令、山阴令时，“并著能名，二县皆谓之傅圣”。齐高帝以山阴狱讼烦积，复以琐为山阴令。有卖针、卖糖两老太为争一团丝来找琰评理，琰把团丝挂在柱上用鞭击之，有铁屑，乃罚卖糖者。又有两老人争鸡，琰问何以食鸡，一人说粟，一人说豆，于是杀鸡得粟，说豆者有罪。“县内称神明，无敢为偷”。其子付岐，梁时为始新令，县里有人斗殴而死，死家去郡上诉，郡把凶手缉来拷问，不招。押回本县后，岐让手下为凶手摘去刑具，和言询问，终使凶手招供，以法偿死。到冬至时，岐要把他放回家团聚。狱吏认为不行，岐曰“其若负信，县令当坐”，果然罪犯按期返回。（李延寿《南史》卷七十）顾宪之，后废帝元徽年间为建康令，“时有盗牛者，与本主争牛，各称已物，二家辞证等，前后令莫能决。宪之至，覆其状，乃令解牛任其所去，牛径还本宅，盗者伏其罪，时人号曰神明”。（李延寿《南史》卷七十）任昉，齐永元年间出为新安太守，“在郡不事边幅，率然曳杖，徒行邑郭，民通辞讼者，就路决焉。为政轻省，吏民便之”。（姚思廉《宋书》卷十四）

四、兴修水利、防灾救荒

兴修水利对改变旱涝状态，有着极为重要的意义。南朝的地方官吏在开发江南过程中，多能注重兴修水利工程。阮弥之将治水经验带进福建，并因地制宜付诸实施。南朝有两个较大的水利工程，一是修复六门堰，六门堰是两汉时在雍州穰县修建的，溉田三万顷，到元嘉二十二年（445），已是“堰久决坏，公私废业”。这一年刘骏镇襄阳，命刘秀之修复六门堰，灌溉良田数千顷。“雍部由是大丰”。（沈约《宋书》卷八十一）直到6世纪初，这个工程仍然发挥效益，北魏郦道元评价曰：“利加于民，今不废矣”。（郦道元《水经注》卷三十四）其次是修复芍陂。淮河南岸的芍陂，相传是春秋时期孙叔敖修建，到元嘉七年（430）时，“芍陂良田万余顷，堤塌久坏，秋夏常苦旱。”原因是“不治积久，树木榛塞”。当时豫州刺史刘义欣带人“伐木开榛，水得通注，旱悉由是得除”。（沈约《宋书》卷五十一）南齐时，豫州刺史垣祟祖义，奉旨“修治芍陂田”。（萧子显《南齐书》卷二十八）梁武帝普通年间，裴邃也曾主持修治芍陂（姚思廉《宋书》卷四十一），使这一水利工程继续发挥防旱排涝作用。此外，许多地方官员还注意筑堤修堰、修陂，设置以及水门和水闸。张邵为雍州刺史，“至襄阳，筑长围，修立堤堰，开田数千顷，郡人赖之富赡”。（沈约《宋书》卷四十六）《水经注·夏水》云，监利县“泽多陂池”，沈攸之为荆州刺史时“堰湖开渎，田多收获”。（郦道元《水经注》卷三十二）豫章郡内每到夏季，赣江水溢塘而过，居民多受其害，宋景帝景平元年（423），“太守蔡君西起堤，开塘为水门，水盛则闭之，内多则泄之，自是居民少患矣”。（郦道元《水经注》卷三十九）这些水利工程，在防灾减灾以及治理水旱方面发挥了显著作用。阮弥之在闽期间，也曾组织闽人修筑水利工程，确保农业生产稳定。

南朝时期的灾害尤以水灾为多，仅据《宋书·五行志》初步统计，自晋至宋较大的水灾有17次。南朝一些地方官员把抗灾救灾当作自己的重要职责，积极救助灾民，恢复生产，在赈灾之政中发挥重要作用。这个时期，除皇帝亲自关心、过问赈灾外，地方官员也在自己的职权范围内开仓散谷赈灾、为民请命，或捐献家财，救济平民。《南史》记载，天监年间，侯景为南兖州刺史，灾荒来临时，能及时计口赈恤，并在路口施粥济民，给死者以棺木。丹阳尹王志，“时年饥，每旦为粥于郡门，以赋百姓，众悉称惠”。顾宪之在齐武帝时为衡阳内史，刚到衡阳，“郡境连年疫疾，死者大半，棺椁尤贵，悉裹以苇席，弃之路旁”。宋孝武帝时，王玄谟为徐州刺史，“时北土灾荒，乃散私谷十万斛，牛千头以赈之。”（李延寿《南史》卷十六）《南史·刘怀珍传》载，刘善明元嘉时为齐、北海两郡太守，“元嘉末，青州饥荒，人相食。善明家有积粟，躬食饘粥，开仓以救，乡里多获全救，百姓呼其家田为续命田”。（李延寿《南史》卷四十九）《南史·循吏传》记载杜慧度，宋武帝时，“岁荒人饥，则以私禄赈给”。（李延寿《南史》卷七十）在南朝的荒政中，也涌现出一批兢兢业业领导民众抗灾救荒的官员。元嘉十三年（436），余杭发大水，东土饥荒，皇帝遣扬州治中从事沈演之巡行。沈演之巡行回来后上奏道："窃见钱塘令刘真道、余杭令刘道锡皆奉公恤民。……水灾之初，余杭高堤崩溃，洪流迅激，势不可量。道锡躬先吏民，亲执板筑，塘既还立，县邑获全。经历诸县，访覆名实并为二邦之首最，治民之良宰。"皇帝知道后，各赐谷千斛。刘俊，齐武帝时迁安远护军、武陵内史。当时郡南有一条古江堤久废，俊带人整修，以防江水破堤伤稼，但未等完工，"江水忽至，百姓弃役奔走，俊亲率历之，于是乃立"。（李延寿《南史》卷三十九）萧儋，梁武帝封始兴郡王，天监六年（507）荆州大水，江溢堤坏，"儋亲率将吏，冒雨赋丈尺筑之，而雨甚水壮，众皆恐，或请避焉。儋曰'王尊尚欲身塞河堤，我独何心以免'。"在他的坚持下最终"水退堤立"（李延寿《南史》卷五十一），保住了大堤。

上述官员的举措不仅仅在很大程度上保护了人们的生命安全，而且对于灾后农村经济恢复避免产生更大的社会混乱，起了决定性作用。阮弥之与这些有作为的官员一样，为南朝经济的复苏与发展均做出了贡献。

第三节　兴学育民　正风化夷

阮弥之入闽接任昌国郡守之后，面对经济文化十分落后的闽地，认为应从两件大事入手治理。其一是兴办教育，让更多闽人有学习机会，提高文化水平。其二是振兴农业，恢复生产提高技术水平，文帝元嘉二年（425），他奉旨入闽担任昌国郡守，除了恪尽职守做好本职管理实务，还注重招安占据福建沿海岛屿之上的边民与疍民，同时平定沿海及内陆土著骚乱，维护社会安定。

一、设立学校、教化民众

南朝时期，由于南方开发较晚，文化与北方相比大为落后，风俗观念也比较原始。南朝地方官吏在发展农业的同时，也注意推广教育，教化民众，树立文明的社会风尚。宋元帝元嘉年间，阮弥之任昌国郡（即晋安郡，治今福州）太守，当时“昌国初为蛮地，俗不知学。弥之教之稼穑，兴学校，致家有诗书，市无斗嚣”。（卢美松《闽中文教先祖阮弥之》）另一位是浙江余姚人虞愿，宋明帝泰始末年（471），朝廷改晋安郡为晋平郡，虞愿为晋平郡守，仿照中原地区“在郡立学堂，教授子弟”，倡导文明，化育蛮夷。南齐时，荆湘地区也有两位“宽仁弘雅”、重视文教的官员。一位是文献王萧嶷，齐高帝时，萧嶷为南蛮校尉、都督八州军事，领荆、湘二州刺史。当时“故，荒民散亡，实须缉旧楚萧条，仍岁多理”。为此，他在“南蛮园东南开馆立学”，并设置主管教育的行政官员儒林参军一人、文学祭酒一人、劝学从事二人。后来，梁武帝天监年间。安成王萧秀都督荆湘九州军事、荆州刺史时也亦曾设立学校。会稽山阴人贺锡，在梁武帝天监初未任太常丞前，曾于乡里聚徒教学，四方受业者三千余人。其子贺革在出任西中郎湘东王谘议参军、江陵令时，在州学以儒林祭酒的身份讲三礼，“荆楚衣冠听者甚众”，他死后，其侄贺琛在郊外筑房继续讲授，“学侣满筵”。南朝刘宋文帝元嘉二年（425），阮弥之任昌国郡太守，宋明帝太始末年（471），虞愿任晋平郡（今福州）太守，都曾兴办学校，教育闽人子弟。府和县两级设立官学，都是以学习儒家经典为主课，也称儒学，基层学校有社学、义学，旁系学校有医学、阴阳学，这些教育的发展，无不沿袭阮弥之所开创的闽中教育传统。

福建学校教育自萌生至近代教育体制基本确立，历经一千多年。官学、书堂、私塾是这一时期的主要办学形式，以官学为主体，私塾是基础。汉元封元年（前 110），武帝出兵攻灭闽越国，将其民徙处江淮间，闽地教育发展受挫。此后，汉廷在闽中故地设立冶县，对闽越遗民实行直接统治，汉文化影响有所加强。自东汉末年以后，中原士民陆续迁徙入闽，对闽地文化发展起了促进作用。现存史籍最早记载的办学是在西晋永嘉年间（307—312）闽北建安郡（治所在今建瓯市）。随后有比较突出成效的就是阮弥之在闽地的办学，使用中原儒家经典教育学生，并且对城乡居民启蒙教化。六朝以后至唐代，福建教育加速发展，逐步奠定基础，逐步赶上中原地区。这些发展也是建立在阮弥之推广公众教育的基础上。中唐以后，福建经济发展较快，成为朝廷赋税仰给的全国八道之一；朝廷确立儒家道统的法定地位，重视教育，将官学推行到地方，并使其制度化；同时也鼓励私学。这些都为教育发展提供良好的基础条件。初唐有人中进士，中唐以后中进士与明经等科普人数明显增加，逐渐赶上教育发达地区。唐末五代时期，北方战乱频繁，福建比较安定，又一次出现北人迁徙入闽的高潮。一部分著名文人、儒士携族来闽定居。闽王王审知实行保境安民、重用儒士、发展经济与文化的政策，福建教育继续得到普及与加强。宋代，福建经济取得全面发展。随着经济实力的增长与百姓生活水平的提高，福建教育进一步普及。宋王朝实行重文政策，重视发展教育和科举选拔人才，福建士子力学应考，中进士者居全国之冠。阮弥之作为“七闽人师”“闻瓯师表”，其所开创的文教传统，影响全闽且流传千年。福建人不仅承继理学，而且由朱熹理学发展成为闽学，至近代更开风气之先，引进西学，发展新学，在中国近代思想文化史上更树起了新的里程碑。追根溯源，阮弥之作为闽中文教始祖，开八闽文脉先河之功至伟至大。

总之，当年阮弥之在闽中这个蛮荒之地奋力开拓，兴办教育，培育人才，推广儒家经典，倡导传统文化，为福建教育发展作出奠基性贡献，其功勋德业让后人思之难忘。

二、 招安岛民、绥靖闽疆

文帝元嘉二年（425），阮弥之奉旨入闽，担任昌国（即福建）郡守，除了恪尽职守做好本职管理实务，还注重招安占据福建沿海岛屿之上的边民与疍民。

关于福建疍民的来源，据文献记载东晋末年卢循起义部队，于元兴二年（403）由永嘉攻入晋安，在福建活动达三年之久，起义失败后，卢循部有的散居在福建沿海。阮弥之入闽为昌国郡守，孙恩、卢循部众可能还活跃在福建沿海、河湖、海岛峒穴之中。宋人乐史《太平寰宇记》卷一百〇二《泉州风俗》载：“泉即此州之夷户，亦曰游艇子，即卢循之余。晋末卢循寇暴，为刘裕所灭。遗种逃叛，散居山海，至今种类尚繁。”许多古代志书都认为，疍民是秦汉时期亡国于西汉的闽越人后裔，阮弥之入闽之后，花费很大精力安抚以疍民为主的岛民，努力促使他们转变生活方式，社会走向安定祥和。

“游艇子”是古籍上对福州疍民最早的称谓，也泛指东南沿海的其他海上居民。唐宋时期，对疍民较为普遍的称呼是“白水郎”，或称“白水仙”“白水人”，《三山志》颇多记载。“疍”即南方的夷人，与“蜒”“疍”“蛋”等字通假，这种指代最早见于隋代，南宋以来被普遍用来称呼疍民。对疍民的歧视从宋代开始，福建疍民逐渐沦为“贱民”，遭到陆地汉人的严重歧视，生产生活被严加限制。疍民被规定不准陆居，不准穿绸，不许读书，不许参加科举应试，不能与岸上居民通婚，上岸不准撑雨伞，上岸不能穿鞋，喜庆不得张灯结彩，走在路上要弯腰缩颈，靠道旁行走，不准穿戴衣冠，男女老少在岸上时裤脚管必须卷得一边高一边低，以区别于其他汉人渔民，疍民妇女梳半爿髻，不得仿效陆居汉人妇女梳髻带中簪。在一些地方甚至禁止疍民上岸，有“曲蹄莫上岸，上岸被打死不偿命”的说法。少数上岸定居的疍民也被禁止营建瓦顶的房屋，更不能模仿汉人的民居起盖翘角的屋式。个别富裕的疍民曾以重金贿赂同姓陆地汉人，冒充民籍以争取读书科举的机会。自清代起，官方和疍民都曾尝试取消这种歧视政策。根据清代侯官、闽县两县的旧志记载，福州疍民“其人以舟为居，以渔为业，浮家泛宅，遂潮往来，江干海澨，随处栖泊。各分港澳，不相凌躐。间有结庐岸上者，盖亦不业商贾，不事工作，习于卑贱，不齿平民。闽人皆呼之为曲蹄，肖其形也。以其脚多弯曲故也，俗亦谓之为乞黎云云。视之如奴隶，贱其品也”。他们的经济来源主要为近海和内河渔业、水上客货运等，大部分人生活非常贫困，而且频繁受到台风等自然灾害的威胁。

三、阮弥之端正社会风气

位于晋安区前屿的“八闽奉旨第一祠”阮公祠近期已经修复。阮弥之是福建历史记载中有具体事迹的第二人（第一为严高），开福建文化先河。

阮弥之后裔中不少分迁漳州、泉州、莆田、宁德、南平等地，还有一部分旅居菲律宾、印尼、越南、日本、美国等国家。阮公祠管理者介绍，阮公祠每年春秋二祭，正是海内外阮氏后裔回乡谒祖的重要时间。

阮弥之（？—436）从江左（江苏南京）来闽担任昌国郡郡守距今已有1600年。说到福州甚至是福建的教育发展史，这是一位绕不过去的人物。他去世后，朝廷为之立庙奉祀，且题匾曰“七闽人师”，表彰他开闽地文教之先河的贡献，也是对他个人功绩的历史定位，是对福建教育历史的客观记录。

福建古称“七闽”，是出自上古周代朝廷在闽“所服国数也”，即当时闽人所立七个方国（部族）全数臣服周王朝，福建地区归入周朝版图。当时闽越国范围包括闽中地区及周边的浙南瓯江流域、粤东和赣东南部分地区。所以乾隆为重建的忠惠阮公祠题匾，又称阮弥之为“闽瓯师表”，盖因闽北、浙南在汉初为东瓯国地，后为闽越王郢所吞并。这表明晋宋之时，瓯闽地区受中央王朝管辖，尚缺少文明教化。正因为如此，阮弥之主政昌国郡，其教化治绩更显难能可贵。阮弥之任昌国郡守，是在受任交州刺史的第二年即南朝元嘉二年（425）。他以仁心行惠政，史籍记载他的政绩比较简略，但联系到当时的社会历史背景，应该说他的文教绩效与兴农业绩的开创意义甚巨。

史志记载，阮弥之治闽业绩首先在于劝农，如《闽县乡土志》载，“弥之教稼穑”，又说他“盖首劝民农者，闽人食其德”。可见阮弥之作为中原世家南渡江左，以先进的农耕文明和生产技术教导闽越土著，是福建有史记载劝民务农、学习先进稼穑方法的第一人，故称“首劝民农”。这也是福州地区从蛮荒走向开发、精耕细作的最早记载，他为福建农业的发展奠定基础，居功至伟。阮氏落籍闽中后，阮弥之率领族众开发住地钱屿墩周围大片农田。阮氏聚族而居，因而有阮洋之地名。

其次，郭柏苍《乌石山志》记载，当时“洞夷海寇为虐，弥之设方略御之”。话虽语焉不详，实指当时福建大部分地区还处在蛮荒状态，“洞（峒）夷”应指居住在福州周围山岩洞穴之中的闽越土著。“海寇”乃指晋末卢循起义失败后流落在闽海地区的“义民”，他们多改操水上生业，为“游艇子”，又称“泉郎”，有的流为寇盗。这些沿海地区的土著闽人，或“以渔猎山伐为业”，或从事捕捞采摘为生，尚少定居务农者。阮弥之以武力平定动乱、绥靖闽疆后，因势利导，施以教化，以仁心劝导农耕，招安岛民，其化育夷越之功至伟，是继严高筑城之后功业载入闽史的第二人。

传说阮弥之带领乡民开发百里沙洲，引进良种，发展农业。后来阮氏家族就定居在福州东郊钟山（又名钱屿墩，俗称前屿）周围。多年之后，其裔胤繁衍发展，许多人迁往福建各地乃至海外。据记载，琉球阮氏寻根到福州，其本为明初赐往的“闽人三十六姓”之一；越南阮氏直至民国时期仍有参加福州阮氏的祭祖活动。闽人阮氏后裔现在在琉球的就有3500人。1987年、1993年、2010年，闽人36姓后裔都曾到福建寻根祭祖。福建师范大学谢必震教授经过认真研究筛选，亦从有关明代中琉交往的诸书中辑录出认为是闽人姓氏的有41个姓——梁、郑、金、蔡、毛、陈、林、程、高、吴、李、阮、沈、魏、田、王、马、钱、翁、穆、于、卫、韩、宗、昆、红、尹、查、伍、向、武、吉、英、陶、邬、俞、宋、周、曾、孙，并提出其中的梁、郑、金、蔡、毛、陈、程、红、阮、王、周、曾、孙、魏、林十五姓，为明代朝廷赐给琉球的姓氏，其余判别为闽人身份，留待今后资料的补证。（谢必震《海交史研究》）

清郭柏苍《乌石山志》记载，阮弥之“兴学校，正风俗”。《福州阮氏宗谱》亦载，阮弥之初到，“见闽越人不知学，不知礼”，遂于“乌石山麓择地三十余亩，二十多间房，兴办学校，邀请江左名士包括阮氏文人，来闽讲学”。传播中原文化，宣仁广义，正风俗，扬士风，倡文明，民风因之“丕变”。据《三山志》载，因他的教化，使闽地从“俗未知学”做到“家有诗书，市无斗嚣”，开启了闽中的文明教化，阮弥之治郡的成效影响甚巨，纪阮祝文称“开全闽之文章”。闽中读书之风由此兴起，可见诗书教化确能移风易俗。闽中初现良风美俗，风教遍于市井。阮弥之殁后，世人为悼念他，建庙祀之。《闽县乡土志》载：“弥之入闽兴学，在虞愿、李椅、常衮诸人之前。”“七闽人师”之称号实至名归。可惜，继阮弥之之后担任晋安郡守的两兄弟阮仁之（元嘉九年任）、阮永之（元嘉十五年任）事迹，却没有留下记载，成为历史的缺憾。

实际上从汗牛充栋的历史文献中还可以找到阮弥之家族成员历史活动的蛛丝马迹。譬如《南史》卷七十二《循吏传》记载：

阮长之，字景茂，一字善业，陈留尉氏人也。祖思旷，金紫光禄大夫。父普，骠骑谘议参军。长之年十五丧父，有孝性，哀感旁人。除服，蔬食者犹积载。闲居笃学，未尝有惰容。初为诸府参军，母老，求补襄垣令，督邮无礼，鞭之，去职。后拜武昌太守。时王弘为江州，雅相知重，引为车骑从事中郎。元嘉十一年，除临海太守，在官常拥败絮。至郡少时，母亡，葬毕不胜忧，卒。

时郡田禄以芒种为断，此前去官者，则一年秩禄皆入后人。始以元嘉末改此科，计月分禄。长之去武昌郡，代人未至，以芒种前一日解印绶。初发都，亲故或以器物赠别，得便缄录，后归，悉以还之。为中书郎直省，夜往邻省，误著屐出阁，依事自列。门下以暗夜人不知，不受列。长之固遣送曰：“一生不侮暗室。”前后所莅官，皆有风政，为后人所思。宋世言善政者咸称之。文帝深惜之，曰：“景茂方堪大用，岂直以清苦见惜？”子师门，原乡令。

阮长之是阮弥之堂叔父，从《南史》可知，阮长之，字茂景，是江左会稽剡县（今嵊州）人。祖父是阮思旷，担任金紫光禄大夫。父亲是阮普，担任骠骑谘议参军。阮长之是个至纯至孝的人，从小勤于学习从不懈怠，不论寒冬还是暑夏都严格自律。后来进入官场，先做了皇帝身边的近侍官，几年后因为母亲年迈，便转任去襄垣做县令。因郡内负责巡查的督邮不仅不讲礼节，还故意刁难他，愤怒的阮长之用鞭子狠狠抽打了督邮，然后辞职而去。后来阮长之被朝廷委任武昌郡太守，临赴任前，许多亲朋好友纷纷来庆贺，他们知道阮长之不接受他人财物，便送了一些器物做纪念，阮长之不好推辞当时就收下了，逐一造册，后来从武昌归来时把这些器物一一奉还。阮长之在武昌上任时，注重百姓教化，郡中安定清平。后来朝廷召他入京，接到调令的他一直等到芒种，可接替他的官员还没到位。那时候的规矩是官吏的俸禄以芒种为期限，在此之前辞官的，一年的俸禄归后面继任者所有；在此后辞官的，一年的俸禄归前任者所有。阮长之于是就在芒种的前一天解印悄然离去。

另外，沈约的《宋书·良吏传》也有对阮长之的记载。

阮长之年仅 15 岁时父亲去世，他天性孝顺，哀伤感动了周围的人。穿孝期满之后，仍然吃菜蔬一年。阮长之平时喜欢研究学问，不曾有过懒惰的情况。起先担任诸府参军，被授予员外散骑侍郎的官职。因为母亲年老，要求担任襄垣令，督邮不讲，打他，被免去职务。不久出任庐陵王义真车骑行正参军、平越长史、东莞太守；进入朝廷担任尚书殿中郎，后又离京担任武昌太守。其时王弘任江州刺史，一向对他比较了解并重用他，遂推荐为车骑从事中郎。后又进入朝廷担任太子中舍人及中书侍郎。因为母亲年老，坚决辞去，调任彭城王义康平北谘议参军。元嘉九年（432），调任临川内史，因为南方土地低下潮湿，母亲年纪大了，不适宜居住，因而辞职不上任。元嘉十一年，又授予临海太守。到郡上任不久母亲去世，待安葬完毕，无法忍受母亡之痛。元嘉十四年辞别人世，时年59岁。

除了在芒种前一天辞官，以及将朋友所赠礼物封存送还的故事之外，阮长之任中书郎期间，一天值夜，误着屐出阁，自列门下省听候处分。门下省认为天黑没有人知道，可以免罚。阮长之不从，说："一生不侮暗室。"长之先后所任各种官职，都很有风化政教，受到后人的怀念。刘宋时代人们谈及善于治理的官员，人们都交口称颂他。（沈约《宋书》卷九十二《良吏传》）史载其祖：阮思旷，担任金紫光禄大夫；其父：阮普，担任骠骑谘议参军；其子：阮师门，原乡令。

从阮长之的身上，我们可以看见阮弥之的身影。阮弥之的善治惠政闻于朝廷，宋文帝刘义隆特派朝臣散骑常侍袁渝到闽中考察，"觇其吏治"，"观察吏政，访求民隐"。阮弥之如实报告，"历陈损益上言"。经了解后，袁渝多次向朝廷汇报阮弥之的仁声惠政。皇帝十分高兴，欲招内用。无奈当地百姓"焚香遮留"，不让调走，阮弥之终于留下。但几年后他因同情社稷大臣檀道济被枉杀，"竟叹息忘寝息，以忧卒"。可见他忠国为民，忧劳国事而忘身。据史书记载，阮弥之于元嘉元年（424）和七年两征林邑（在今越南南部），故在郡任职时间不足四年。朝廷得到他的死讯，随即下诏表彰，追赠资政大夫称号，并赐谥"忠惠"，赐祭葬并建庙，定春秋二季官祭。

第三章

身后哀荣

祭祀是中华传统文化重要组成部分。“祠”“庙”作为祭祀的载体是祭祀活动的历史遗存。“礼”是古来治国精神及制度的根本，古代经典《周礼》《仪礼》《礼记》等书，详细记载了中国早期社会礼俗，并将其条理化、系统化，成为后世施行礼仪的遵循。阮弥之在福州为官，深受百姓爱戴，因其有功于社会、百姓，故“闽人食其德，立祠祀之”。其间“兴学校，正风俗”，死后“郡人思之”，更将其奉为神明，建庙祭祀。刘宋朝廷也钦赐祭葬，“官设有司春秋两祭”，可谓“殊荣”。谥号，蕴含着后人对逝者的评定，寓褒贬于文字中，具有高度凝练总结的特点。其源甚早，始于西周，古代帝王及诸侯、大臣地位较高的人物，朝廷根据其生前作为，给出具有评价意义的称号。阮弥之逝世后，朝廷追赠资政大夫称号，赐祭葬并建庙，谥号“忠惠”，体现阮弥之一生的勋业。

第一节　谥号“忠惠”

我国谥法施行已久，代表古人身份标志、社会地位。正如班固《白虎通义·谥》所言：“死乃谥之何？言人行终始不能若一，故据其终始，后可知也。”谥号是对人一生善恶是非的定评，事涉个人是非毁誉定论，故历来受到重视。通过个人逝后的谥号，对其一生进行评判。但也不尽如实，袁翻就指斥说：“致号谥之加，与泛阶莫异，专以极美为称，无复贬降之名，礼官之失，一至于此。”（《魏书一·甄琛传》）谥法有时也沦为皇帝手中拉拢臣僚的工具，导致名不符实。

每个朝代对谥号的定义有所不同，真实性不一。西周时，诸侯给死去的先人增加美称，给予谥号，这种做法在贵族中较盛行，如周穆王对宠妾盛姬感情很深（见《穆天子传》），而盛姬生前因地位不高而没有封号，所以在她死后，赐谥“哀淑人”之号，以示宠重。此时对“谥法”无严格规定，且只有“美谥”“平谥”，而没有“恶谥”。如郑樵所言“生有名，死有谥。名乃生者之辨，谥乃死者之辨，初不为善恶也”。（郑樵《通志·谥略·序论》）初期谥法多为赞美先人，寄托哀思。从孔子开始，儒家就有意识地把谥法作为褒贬人物、引导社会风气，调整人际关系的手段。（汪受宽《谥法研究·历朝谥法概述》）孔子将原初的谥法推向正名分，寓褒贬，引导其向正确的道德观转化。西汉时期谥法更加严格，此时谥号不再“私亲”，有着极其严格的褒贬制度。魏晋南北朝时期，社会动荡，谥法也经历重大变革。有政权为招揽人才，将谥法作为笼络人才的手段之一，在“臣谥”方面，如蜀汉强调“谥所以叙元勋”（《三国志》卷六注引《赵云别传》），将谥号作为奖掖功勋之臣的方法。南朝为汉族世族政权，其谥法固守汉晋之旧，谥例严格。而北朝谥法宽滥，通常肆意追加，且宗室和诸臣得谥者众，谥号过于溢美，并不符合其人生平行迹。

东晋时期为巩固统治，提倡“行以谥彰”，晋元帝宣布公卿无爵也可给谥，旨在激励群臣建功立业。

阮弥之为官政声显著，立心忠国惠民，政事不殆。他在担任交州刺史任上，据记载，元嘉元年（424）“交州刺史阮弥之征林邑，阳迈出婚，不在”。（郦道元《水经注》卷三十六）此事起因，《资治通鉴》中亦见记载，大体为：林邑王范阳迈曾派遣使节向刘宋朝廷进贡，贡品很少且简陋，而且还依旧不断犯事扰边。于是文帝刘义隆派交州刺史檀和之讨伐林邑。沈约《宋书·列传·夷蛮》（卷九十七）载：

阮公祠内景

“（元嘉）七年（430），阳迈遣使自陈与交州不睦，求蒙恕宥。八年，又遣楼船百余寇九德，入四会浦口。交州刺史阮弥之遣队主相道生三千人赴讨，攻区粟城不克，引还。”黎崱《安南志略》（卷九）“阮弥之宋交州刺史”条较为细致描述该事：范阳迈出外，其将领七千人先袭区粟城，“弥之泛海遇风，三日无顿止所，夜遇贼于合浦。阳迈部船五百来战，弥之射中阳迈舵工，船败纵横，单舸接得阳迈而遁。弥之遇风溺百余里，难以制胜，遂引师北还”。

阮弥之在闽地为官亦有治绩。

太康三年（282），闽中设晋安郡，辖沿海八县，然而人口稀少。公元420年，刘宋政权建立，时晋安郡“领县五（候官、原丰、晋安、罗江、温麻），户二千八百四十三，口一万九千八百三十八”。（《宋书·州郡志》）福建地区西北连山，东南滨海，故能保境自安，但洞夷山寇的侵扰则未免。宋文帝时期，闽中发生过动乱。元嘉元年（424）“建安郡山贼百余人破郡治，抄掠百姓资产、子女”。（陶潜《搜神后记》卷三）“元嘉初，上虞孙溪奴多诸幻伎，叛入建安治中”。（刘敬叔《异苑》卷九）闽浙一带洞夷海寇猖獗肆虐，阮弥之“设方略御之”。《宋书·百官志》对郡守职事做了说明：“郡守治民，丞佐之，尉典兵，备盗贼。”阮弥之为民纾难，恪尽职守。

宋文帝刘义隆曾遣散骑常侍袁渝至福州观察吏政，访求民情，“弥之历陈损益上言”，“上悦，欲召内用（指任京官）”。后因百姓挽留，遂不果。此外，其治闽功绩主要在于教民稼穑和兴办学校两个方面。

闽地偏僻荒远，农业技术落后，生产力水平低下，长期以来多为中原贵族、百姓有罪者流放之地。刘宋时期略有改观，对闽地开始重视。阮弥之奉政入闽，任上注重农事，组织开拓阡陌，教民稼穑，把良种引进福建，使农业得到发展，改变从前闽地“行经万里，不见汉地”的蛮荒景象。在“兴学”方面，他在乌石山麓办学，宣扬朝廷教化，传播儒家文化，社情民风因之有所改观。后到中唐时期，管元惠、李椅、常衮相继重教兴学，闽国王审知置“四门学”培养人才，北宋海滨四先生倡道东南等彪炳福建教育史上的事迹，想来都与阮弥之办学不无关系。阮氏推行教育的事迹鲜见史料记载，只留下“阮弥之任昌国郡太守，曾兴办学校，教育闽人子弟”（福建省地方志编纂委员会《福建省志·教育志》），于是社会出现“家有诗书，市无嚣斗的良好风尚”（福建省地方志编纂委员会《福建省志·教育志·附录·大事年表》）等极简略的文字。《福州阮氏宗谱》记载，阮弥之办学规模、师资、教学内容，然而亦只简略提及：“初到（福州），见闽越人不知学，不知礼。”于是在乌石山麓择地三十余亩、二十多间房，兴办学校，邀请江左名士来闽讲学，传播中原文化。

因时隔久远，无文献可征，阮弥之其他事迹不显。然仅就上述诸事迹，已证明阮弥之公忠体国，百姓受其恩惠。故而谥号“忠惠”，名副其实。

刘向《逸周书·谥法解》一书。对谥法的记载和研究出现最早，

“闽瓯师表”匾

且最有影响，后人多根据此书作为定谥依据。古语有云：“将葬作谥者，行之迹也。是以大行受大名，细行受细名，行生于己，名出于人。”（虞世南《北堂书钞》注引《大戴礼记·谥礼》）该书记载：“谥者，行之迹也。号者，功之表也。”同书中对神、圣、帝、皇、王、君、公、侯以及简、文、武、恭、明、钦、定、德、襄、厘、宪、献、懿、孝、考、齐、康、成、穆、顷、昭、胡、刚、静、平、景、贞、威、桓、思、惠、慧、元、庄、夷、怀、敬、丁、烈、翼、肃、戴、灵、殇、隐、悼、刺、荒、愍、哀、幽、魏、炀、顷、圉、宣、使、壳、勇、商、誉、度、安、白、声、厉、知、糠、质、戾、良、丑、莫、类、躁、顺、感、忠、赶、携、绍、坚、直、正、夸、长、克、抗、节、比、易、缪、愿、匡等字，都作了简明扼要的解说，其内容阐明谥法的基本原则。

这些谥号文字有高低之分，如“文”“忠”“孝”等字皆为美谥，《潜夫论》云：“人臣之誉，莫美于忠。”该书对“忠”“惠”二字描述为：

忠惠阮公祠一景

“柔质慈民曰惠，爱民好与曰惠”，“危身奉上曰忠”。

忠、惠二字在传统文化中有其特定的含义。“忠”，表现为赤诚无私，对国家、事业尽心尽力，竭诚事君而无二心，危身奉上，险不辞难。其字的内在含义，包含“敬”“爱”“竭诚”“敦厚”“中正”的行为表征和道德。“忠”是儒家所倡导的伦理道德，《论语》更以“忠”来总结孔子一生德行，所谓“夫子之道，忠恕而已矣”，又载：“子以四教：文，行，忠，信。”（《论语·述而》）而“惠”字，《说文》云“仁也”，意谓惠者有仁爱之心，在为政及人格表现上有着“惠民”“惠政”“惠明”“良善”等褒义。《尚书·皋陶谟》云：“安民则惠，黎民怀之。”《晏子春秋·外篇上十五》：“夫智与惠，君子之事。”古君子追求理想德政，执政者要实践“君子之道”。《论语》一书被古人视为“治国名篇”，孔子认为“能行五者于天下为仁”，“五者”即恭、宽、信、敏、惠五者，“恭则不侮，宽则得众，信则人任焉，敏则有功，惠则足以使人”。（《论语·阳货篇》）该书《公冶长》篇载：子谓子产：“有君子之道四焉：其行己也恭，其事上也敬，其养民也惠，其使民也义。”为官修身恭敬，处事敬慎，养民以恩惠，管理民众以道义，“惠民”为古代循吏所重视。阮弥之一生对公事“居之无倦，行之以忠”，兴办学校，教民稼穑，即是属于惠政、德政、善政。

一个谥号不独为一人专有，历史名人身后所追加的谥号大体反映其一生的人格精神和行事作风。据相关文献记载，历史上谥号“忠惠”的名人除阮弥之外，自晋迄清还有25位。

然而谥号并非尽如其人。蒙元时期自忽必烈实行“诸臣三品以上者评清谥，皆为没谥而无恶谥，死节之士虽布衣亦赠谥号”。（汪受宽《谥法研究·历朝谥法概述》）明清时期谥法僵化，被当成帝王自我尊崇与驾驭臣下的手段，谥权高度集中于君王，随意性强，在赠谥程序上不准家属故吏请谥，也取消了相关制度，“清谥”“议谥”“定谥”“驳谥”等程序形同虚设，其谥号的取得皆出自“圣裁”，只要能讨得皇帝欢心，即使卑微贱恶者也可得极美之谥。由于各种因素干预，使有些谥号名实不符，破坏了谥法“善行受善名，恶行受恶名”原则。唐宋时期有许多许著名的驳议事件，如唐朝独孤及与崔厦对陇右节度使郭知运谥号的争论，苏端及梁肃对司徒杨绾谥号的争论，宋朝刘敞、司马光、王洙与宋仁宗对郑国公夏竦谥号的争论，韩维、孙抃、杨南仲、黄师旦等对宰相陈执中谥号的争论等。其中既有对谥主的不同评价，更有对谥法应用的不同见解。还有一种为隔朝“追谥”，即新朝为达到政治目的而表彰忠节，“其绝大多数都不再追究平生过失，因其晚节悲壮慷慨而追予美谥”。（汪受宽《谥法研究·百官谥法》）南朝宋尚书仆射颜师伯被前废帝害死。宋明帝刘彧废杀前帝以后，考虑到颜师伯“遭罹厄会，陨命淫刑，宗嗣殄绝，良用矜悼”，决定对其赠谥，待议谥号中，又以其任官时“多纳货贿，家产丰积，伎妾声乐，尽天下之选，园池第宅，冠绝当时，骄奢淫恣，为衣冠所嫉”，而追谥为“荒子”。（《宋书·颜思伯传》）“荒”即“好乐怠政，外从内乱”。通过颜思伯追谥事件中，可以看出当时“谥法”执行的严格与公正。

第二节　立庙崇祀

阮公祠在福州的遗迹有两处。一在乌山，一在晋安区前屿村。史籍载："阮太守祠：祀宋晋平郡太守阮弥之，今福州治……后移于东关外归善里。"（《福建通志·祠祀·福州府》）乌山阮公祠在山南麓，明万历三十七年（1609）六月，因"雨暴山崩"而导致祠宇倾圮，"片瓦只椽，杳不可见"。据郭柏苍《乌石山志·志余》卷九载，当时阮公祠中还祭祀明代抗倭将领阮鹗。且坊间流传一"灵异事件"，言邻近居民常见有巨蟒"或蹲山麓，或蟠官署觚稜之上，双目如炬"。一次风雨导致乌石山某些地块崩塌，巨蟒遂不复见。关于乌山阮公祠兴建时间，据该志"男女痛哭之声不绝于道，塑像奉以为神"等语推知，当在阮弥之逝世后不久。及乌山阮公祠倾圮后，此祠遂移至"归善里"（今晋安区前屿村）。一说前屿村阮公祠为万历七年建。

古代福州乌石山曾建有许多祭祀名人的祠宇，如陈公祠、鲁贤祠、水部林公祠、周子祠、邵子祠、道南祠、范公祠、朱子祠、海滨四先生祠、许公祠、湛公祠、紫阳祠、游先生祠、道山祠、海滨周先生祠、高贤祠、一水陈公祠、宗徐二公祠、先薯祠、贝子祠、范公祠、稽公祠、陈忠毅祠、施公祠、犀塘庄氏祠、汪公祠、李公遗爱祠、南丰曾氏祠、王壮愍公祠、沈文肃公祠、薛公祠、叶节愍祠、忠烈祠、宋公祠、两贤祠、戚俞二公祠等。这些祠皆为历史名人创建，推其时间当以阮公祠为最早，其重要性不可小觑。可惜乌山阮弥之的祭祀遗迹，以及诸多的名人祠都已消逝无踪，找不到实物遗存。

晋安阮公祠几经重建，现据史料、碑刻等记载，胪述于下：

乾隆十一年（1746），“巡抚周学健重修”（乾隆《福州府志·坛庙》卷十四）；乾隆二十四年重建，宪台赠“闽瓯师表”匾；“道光中，遭飓风推倒三进”，据今祠“道光十九年，本乡重建立”楹刻，推知当在此时；光绪年间亦有重建。民国年间，改为学校；新中国成立初期，曾为“福建人民革命大学”第一分部三班校舍。（以上据1998年6月所修《忠惠阮公立祠庙记》）现该祠已被列为晋安区文物保护单位，建筑为土木结构，基本保留清代重修的整体格局，祠堂面宽15米，进深46米，占地面积约690平方米。

阮弥之事迹与精神值得传扬，后人通过建立祠庙以永久怀念其人；同时又通过祭祀等活动，表彰他发展闽地文教的事迹，以此延续历史记忆，从而永久地传承下去。阮弥之精神由此影响着一代又一代的人，使后人从中汲取精神养分。

而深入了解阮弥之，当时有一人不可不提，这一事件，足以说明阮弥之的精神。郭柏苍《乌石山志》载，阮弥之“闻上杀檀道济，竟叹息忘寝食，以忧卒”。檀道济乃刘宋开国元勋，文帝患病时，因忌其威名，故召还杀之，事在宋元嘉十三年（436）。阮弥之为此而“叹

阮公祠一景

阮公祠一景

阮公祠中柱上石刻

阮公祠石狮

阮公祠撷影

一房
達公係
追溯渊源羲皇赐姓皋陶造律法

息忘寝食，以忧卒”。

南朝刘宋朝野动乱不安。赵翼说：“宋武以猜忍起家，肆虐晋室，戾气所结，流祸于后世。”（赵翼《廿二史札记》卷十一）刘宋开国君主刘裕（363—422）重用兄弟子侄，对异性文武官员不信任，叶适批判说：“子弟孩抱，皆使驱驾士大夫，既不足以镇系人心，徒扇动同异，反叛屡起，上下猜妨，过于庶姓，国祚长短，竟何所较。”（叶适《习学记序目》卷三十一）公元424年，谢晦等废掉荒淫失德的宋少帝刘义符，后将其杀害。接统绪者是宋文帝刘义隆。刘义隆（407—453）为刘裕第三子、宋少帝刘义符之弟，生平博览群书。在位时，延续宋武帝治国方略，实行劝学、兴农、招贤等一系列措施，于是社会经济、文化日益发展，史称“元嘉之治”，“内清外晏，四海谧如”。（《宋书·文帝纪》）必须肯定的是宋文帝在国家管理方面做了不少有益的工作，如重视人才选拔、整顿吏治、平理诏讼等。这些都有利于政治清明和社会稳定。在政治上，宋文帝以晋为鉴，加强皇权。徐羡之、傅亮、谢晦、檀道济四位顾命大臣“挟震主之威”。（《宋书·蔡廓传》）因畏忌他们功高权重，于是先后将他们杀害。他实行加强皇权措施的种种手段，一方面使东晋时期“主威不树，臣道专行，国典人殊，朝纲家异”的局面终结；而另一方面也因滥杀功臣，导致刘宋王朝精英缺失，最终走向灭亡。

论述檀道济为人、行事，对当时历史必须做一交代。

公元422年，刘裕病逝。檀道济等四位顾命大臣杀了荒淫无道的刘义符及其二弟刘义真，拥立刘义隆上位。“四人在纷乱的政治局势中，以极大的魄力和胆略废除宋少帝，从而使刘宋王朝转危为安，并建立在巩固基础之上。”（祝总斌《晋恭帝之死和刘裕的顾命大臣》）两年后，徐羡之、傅亮、谢晦三大臣位高权重，引起刘义隆畏忌，遂遭诛戮。檀道济是刘宋朝中流砥柱。在废立留刘义符时，出于对儒家传统道德权衡，故“屡陈不可”，文帝于是利用分化瓦解策略，通过王弘将其拉拢。文帝给檀道济所定罪名属莫须有，其被杀是冤枉的。原因主要是威名太重，其“左右心腹身经百战，诸子又有才气”。史载檀道济死日建邺地震白毛生，时其人“乃脱帻投地，曰乃坏汝万里长城！”（《南史·檀道济传》）后果如其言，刘宋朝从此一蹶不振，时魏人皆云：“道济已死，吴子辈不足负惮。”由于宋文帝的猜忌，杀害了许多功臣名将，其中包括檀道济。檀道济（？—436），高平郡金乡县人，刘宋开国元勋。晋末从刘裕起兵，以功累迁太尉主簿、谘议参军。入宋后，因功出为兖州刺史。景平二年（424），参与废黜宋少宗事件，进号征北将军。元嘉三年（426），因平荆州刺史谢晦功，迁征南大将军、开府仪同三司、江州刺史等职务。元嘉八年，率军攻魏，因战功进位司空。檀道济被杀害，时人为之惋惜，有歌谣云：“可怜《白浮鸠》，枉杀檀江州。”同情檀道济枉死。

檀道济为当时不可多得的将才，史上著名的“唱筹量沙”典故即指此人。元嘉二十七年，宋魏关中之战爆发，刘宋朝缺乏能征善战者，已经失利。宋文帝“登石头城望，甚有忧色”，谓若道济在，岂至于此！（《魏书·刘义隆传》）此战后，刘宋由盛转衰，而他自己后来也被太子刘劭杀害。当时“智士”遁迹草野，明哲保身，远离险恶仕途。元嘉初，阮弥之任交州刺史，翌年转任昌国郡守，调任的原因很可能亦由于宋文帝猜忌心理。文帝为防止刺史藩王扩大势力，遂频繁调动州刺史，“不少刺史一年内两次迁换治州，南兖州元嘉二十一年更换三任刺史”（杨思玉《治世盛衰：“元嘉之治”与“梁武帝之治初》），当时许多贤良不愿出仕为官，想来与刘宋朝的管理举措不无关系，在用人方面只是重用宗室子弟、旧属姻戚。

《论语》中记载一则故事：“子击磬于卫，有荷蒉而过孔氏之门者，曰：‘有心哉，击磬乎！’既而曰：‘鄙哉，硁硁乎，莫己知也，斯己而已矣。深则厉，浅则揭。’子曰：‘果哉！末之难矣。’”“荷蒉”隐者言语委婉，只说“击磬”。孔子似看穿他心思，想来“荷蒉”之言不鲜，故未作答。见孔子沉默，隐者直说：能为世用，则用；不为世用，则不用。“深则厉，浅则揭”，更是智者之言。为人处世，理应顺应时势。犹如过河视水深浅，或揭衣以涉，或履石而过。古来隐者远离世俗，无牵无缚，“斯己而已”。孔子周游列国宣说仁政，在当时显然不合时宜。而孔子伟大正在于此：不随世转变，“明知不可为而为之”，从中我们看到了坚决、果断与超乎常人的信念。

孔子忧道之心如此，或可为阮弥之精神作一注脚。

阮弥之因檀道济之死而心感悲痛。最后，也因此“叹息忘寝食”。史料中“以忧卒”三字，道出了忧愤而终的运命，也阐释了他的人格及其文化教养。阮弥之的死是为正义、正道而丧身。他为檀道济悲哀，也为刘宋朝的前途悲哀。或许对于阮弥之来说，他认为这样的选择可以唤醒宋文帝。所以由此也可推知，百姓为他立庙祭祀的缘故。

阮公祠陈留堂

第三节 春秋祭祀

中国是礼制大国，祭祀与治国二者联系紧密，不可分割，所谓“治人之道，莫急于礼”。《礼记·表记》言：“率民以事鬼神，先鬼而后礼。”周公“制礼作乐”，奠定了中华文明制度的基础。祭祀礼仪由来已久，它借助仪式使政治措施得以推行。仪式活动中各类祭辞、训诫文字均有规范人们行为和道德的意义。《尚书》载“周初八诰”是周公主持祭祀时的教诫，所以周礼的制定有其积极意义。阮氏族人祭祀先祖，除了中国人特有的“尊祖敬宗”思想，维系族人感情，从而彰明“木本水源”之思外，对整个社会也有教化意义。

古礼延续至今日，愈趋复杂而规范，从最早的“自然崇拜”到“祖先崇拜”、名贤崇拜，随时代的发展，祭祀的对象和内容也发生了变化。当今社会尚存的许多礼节，如出生礼、满月礼、百日礼、入学礼、拜师礼、开笔礼、冠礼、笄礼等，都是古礼制度或精神的延续。“祭祀礼”是礼的一种表达形式，大至国家，小至家庭皆奉行祭祀，表明祭祀的重要性，也体现国人重礼、守礼的中华传统。《礼记·祭统》有云：“礼有五经，莫重于祭。”儒家价值观有所谓“为礼以教人”。（《礼记·曲礼》）“祭”是礼的形式，也是儒者最重视的事情，即所谓“民、食、丧、祭”。（《论语·尧曰》）古代祭祀有严格的等级规定，天神地祇由天子祭；山川由诸侯、大夫祭；士庶祭祖先、灶神。祭祀仪节内容丰富、体系博杂，后世随民间信仰、名人崇拜等风气流行，立庙建祠之事不绝于书。

礼源于祀，古人认为事神致福，故非常重视祭礼。唐玄宗曾规定诸臣各品级官员祭享的庙室及乐器的数量，到清代祭祀典礼及定制则更加严密，对它的重视也超越前代，祭祀者需怀着虔诚恭敬之心。祭祀阮弥之是传扬其精神的重要礼仪，祭文中的训辞、祷文也是族人对传统文化的继承和对阮氏家风的宣扬。《说文解字》云：“礼，履也，所以事神致福也。”故每届祭日，人们无不诚惶诚恐，心怀恭敬。正如《礼记·曲礼上》所云：“祷祠祭祀，供给鬼神，非礼不成不庄。”魏晋南北朝时期玄学极盛，佛、道在南北朝时期也迅速发展，被奉为神明而受到祭祀的人物颇多，多被奉为民众的“保护神”。（赵忠文《中华祭祀·三国两晋南北朝祭祀》）阮弥之是实在的文教传播人物，“大中大正”，对其祭祀的心理、情感也如同敬仰孔子一般。“祭祀”

阮公祠建筑文物保护碑

阮公祠内景

是对先贤、天地“鬼神”“示敬”，所以礼制上辨别尊卑贵贱的规定。《国语·楚语下》云：“祀所以昭孝息民，抚国家、定百姓也，不可以已。”故祭祀在古代是一种政治统治手段，随着历史演进，这种功能不断加强。封建统治者通过祭祀手段，将道德规范传布、渗透到社会各个角落，为巩固政权服务。而“春秋祭祀”属于“大祭”，时间一般指春祭在清明节，秋祭在重阳节，也有在春秋季节的某个特定时间。

唐宋以后，许多为政一方的循吏名宦，普遍被各地民众立祠祭祀，明代朝廷还诏各立建立“贤祠”“官祠”，祭祀名宦遂成为一种文化现象。孙应时《琴川志·叙祠》对古代祠庙指出：“古者有功德于民则祀之，故无淫昏以惑世而诬民。今列于祀典未必皆有功德也。而山巅水涯，

阮公祠一角

捧揭而奉之者尤众焉。……而要皆保国安民为名，则不可得而废也。”对阮弥之的祭祀属于官祭，它表明祭祀的性质、定位以及被社会重视的程度。

祭祀阮弥之的活动代代相传，福州晋安区阮公祠每年在春秋时期都有举行祭典，十分热闹。阮文火、阮昌贵《中华阮姓通公谱》记载光绪年间“八闽人师庙祝文”程式一则，援引如下：

维

光绪　年岁次　仲春秋望越祭日，主祭官福州府知府　委祭官福州府学儒学教授、闽县教谕、侯官训导。谨以牲帛酒醴之仪，致奠于宋晋安郡太守、赠资政大夫、谥忠惠、讳弥之阮公之神前曰：昔公出治溢兹闽疆公廉正自守，教训有方。设学校于城邑，备御侮于疆场。洞蛮望风而胆裂，海寇闻名而心降。白鸨献瑞于衙署，越石累见于南阳。自我公滋国而任，开全闽之文章，当时恩及于兄弟，至今福垂于子孙，自古兹者闽土非一祀，独为我公为耿光。

尚飨。

阮公祠石柱

祭祀阮弥之对当时福州社会的发展和稳定起到积极作用。古人通过祭祀，缓解对大自然的焦虑感、恐惧感。再者，由于祭祀是群体活动，参与者集体意识得到加强。同时，在祭祀过程中也强化“慎终追远”“尊祖敬宗”的观念，从而促进社会和谐。礼渗透于社会生活各个方面，祭礼是“礼”的“应用”与表现形式。祭祀阮弥之的民俗活动，使人潜移默化地受到文化熏陶与精神洗礼。

祭祀是对先人的纪念和缅怀，通过祭祀仪式怀想他们的事功、品格、精神，“景行”思齐，这是祭礼内涵，是礼制精神，体现中华文化的核心价值。祭祀礼仪表现出礼的内涵，其意义在于通过仪式本身，营造出庄敬肃穆情感氛围，所以祭祀仪式不可或缺。

道光《厚地阮氏族谱》记载《祭祖序》（清道光二十二年阮应煊整修族谱并撰序），从其文字中可见祭祀礼仪及精神：

夫祭何为而设也，乃仁人孝子之心，抚时感慨，触景兴怀者也。故秋露既濡，君子履之，必有悽怆怵惕之怀。然祭之道，必在乎诚，有其诚则有其神，无其诚则无其神。神之享与不享，皆决于祭者之诚与不诚。故《书》云：“黍稷非馨，明德惟馨。民不易物，惟德繄物。”是祭之礼，在昭其忠信之忱，而不在穷乎山海之珍。若曰吾享祀丰洁，博硕肥腯，神其许我乎？当不其然。况朱氏夫子，亦尝有言曰：祖宗虽远，祭祀不可不诚。盖诚意上能通碧汉，孝心下可达黄泉。能如是，致爱则存，致慤则著，入室如见其形，入庙如闻其声，骏奔对越之时，俨然见祖宗之灵爽，如在其上，如在其左右。庶几祖考来格，降福无疆，是之为序也云尔。

道光壬寅二十二年荔月中澣应煊敬书。

文献中保留宗族祠堂中一段祭祖记忆，宗族人共同祭祀本族祖先。

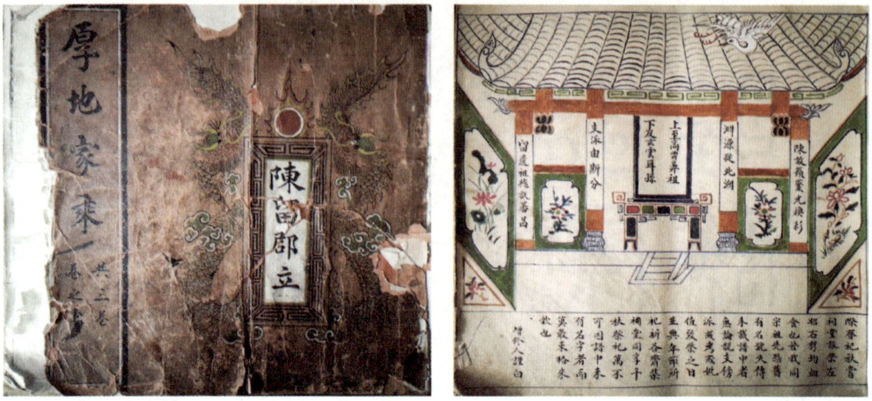

《厚地家乘》书影

祭文内容论述“祭之道必在乎诚”的道理。南宋以后，宗族祭祀活动有“常祭”“喜祭”“特祭”“大祭”等。祭品一般有牺牲、五谷，蔬果茶酒、香烛、纸钱等。“常祭”由家长代表全家，并于朔望日晨去履祭，而“喜祭”指在特定日期进行祭祀，如冬至祭，始祖祭，高、曾、祖、考诞日、忌日等。《礼记·祭统》云：“凡祭有四时，春祭曰礿，夏祭曰禘，秋祭曰尝，冬祭曰烝。”

祭祀祖先渊源已久，这项祭祀活动对巩固古代宗族内部团结发挥重要作用。祭祖活动在百姓生活中有着神圣地位，对祖先的祭祀早已成为人们的生活方式，形式上或许有别，但其内涵始终如一，宗祠中的祭祀活动能够凝聚人心。古代历来重视对先祖的崇敬和祭祀，不论中央王朝，还是地方郡国，大多立有宗庙、社稷，用以祭祀祖宗和国家土地。阮弥之是历史名臣，与一般的祭祀不同，对他的祭祀是“官祭”，即官府春秋两季派官主祭。在民间认知中，人们甚至把阮弥之等同于无诸、王审知，有人认为，福州2200多年历史中，享受“春秋二祭”待遇的古人只有这三位：

无诸（生卒年不详），姓驺氏，越王勾践后裔，西汉时闽越国国王。秦朝统一后，以其辖地设置闽中郡；秦末，无诸率师北上，协同诸侯灭秦；楚汉分争天下，无诸辅佐刘邦打败项羽。汉高祖五年（前 202）二月，复立其为闽越王，封管闽中故地。司马贞《史记索隐》：“句践之裔，是曰无诸。既席汉宠，实因秦馀。驺、骆为姓，闽中是居。”相传无诸死后葬福州王墓山。闽人怀念无诸，历代皆立庙祭祀，俗称“祖庙”。

王审知（862—925），字信通，谥号忠懿。光州固始（今河南省固始县）人。五代十国时期为开国闽王。后梁开平三年（909），出任中书令，册封闽王。在位选贤与能，减省刑法，减轻徭役重视教育。他在福州“建四门学，以教闽中之秀者”，选知名文人黄滔等担任“四门博士”。在王审知的倡导下，州有州学，县有县学，乡僻村间设有私塾，“幼已佩于师训，长者置诸国庠”，教育事业大为发展。阮弥之的文教功绩与王审知在闽中推行教育尤有关联，是承前启后的关系。

清乾隆《大清会典》记载：“凡祭三等，圜丘、方泽、祈谷、雩祀、太庙、社稷为大祀，日、月、前代帝王、先师孔子、先农、先蚕、天神、地祇、太岁为中祀，先医等庙、贤良、昭忠等祠为群祀。”春秋祭祀，历史上视为“定例”，如该书记载：“直省会城，咸立贤良祠。凡守土大臣有功德于民者，由督抚疏请设位，岁春秋以少牢致祭。祭日，视京师贤良祠，承祭官行礼仪，亦如之。凡祭功臣专祠之礼，岁以春秋仲月，诹吉，遣官致祭。”（允祹等纂《大清会典·乾隆朝》）各省省城贤良祠的祭祀情况也是这样，“直省府州县建名宦祠，祀仕于其土有功德者。建乡贤祠，祀本地德行著闻之绅士。地方官岁以春秋致祭，皆以羊一、豕一、笾豆各四”。（托津等纂《大清会典·嘉庆朝》）福州地区祭祀阮弥之的历史也很悠久。

元嘉十三年（436），阮弥之卒，朝廷赠资政大夫。资政大夫系文散官名，金始置此官职，位列正三品中，元时升为正二品，明代为正二品升授之阶，清代为正二品阶。立祠曰“忠惠阮公祠”。史载：“阮

厚地洋中堂

太守祠：祀宋晋平郡太守阮弥之，今福州治……后移于东关外归善里。”今晋安阮公祠中有“钦赐葬祭忠惠阮公祠”石匾，可见后世民众对他的追念，历史上福州当地官员、百姓参与阮弥之祭祀，可起风化社会的作用。《中庸》云：“鬼神之为德，其盛矣乎。视之而弗见，听之而弗闻，体物而不可遗。使天下之人，齐明盛服，以承祭祀。洋洋乎如在其上，如在其左右。”对一般的“鬼神”尚且如此，更何况是对阮弥之这样对闽地文化教育有开先意义的人物，其祭祀及影响可见一斑。人们在阮公祠举行祭祀活动，表现了社会风俗的状态，从中也窥

厚地风光

见阮氏后裔及各界人士的精神寄托及其祈求福庇的心态。

晋安阮公祠几经重建。据史料、碑刻等记载，乾隆十一年（1746），“巡抚周学健重修”；乾隆二十四年，重建一次，宪台赠“闽瓯师表”；“道光中，遭飓风推倒三进”，今祠遗有“道光十九年，本乡重建立”楹刻，推知当在此时。光绪年间亦有重建，民国年间，改为学校；新中国成立初期，曾为“福建人民革命大学”第一分部三班校舍。现该祠已被列为晋安区文物保护单位，建筑为土木结构，基本保留了清代重修后的整体格局，祠堂面宽15米，进深46米，占地面积约690平方米。

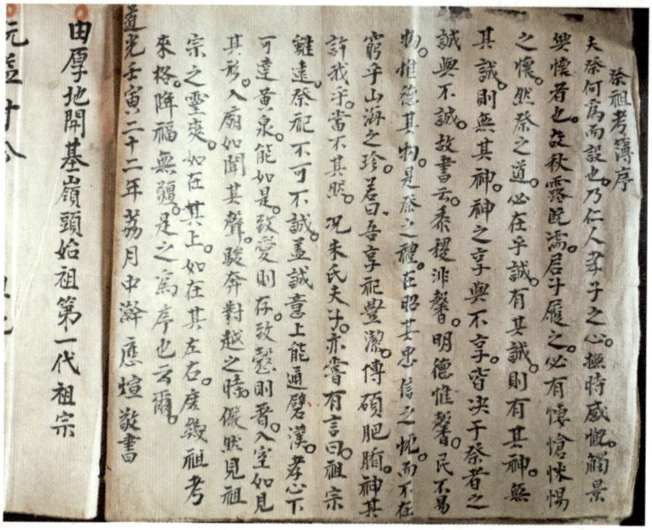
祭祖考簿序

夫祭何爲而設也。乃仁人孝子之心。撫時感慨。觸景興懷者也。故秋露既濡。君子履之。必有悽愴怵惕之懷。然祭之道。必在乎誠。有其誠。則有其神。無其誠。則無其神。神之享與不享。皆決于祭者之誠與不誠。故書云。黍稷非馨。明德惟馨。民不易物。惟德其物。是祭之禮。在昭其忠信之忱。而不在窮乎山海之珍。若曰。吾享祀豐潔。傳碩肥腯。神其許我乎。當不其然。况朱氏夫子亦嘗有言曰。祖宗雖遠。祭祀不可不誠。蓋誠意上能通碧漢。孝心下可達黄泉。能如是。致愛則存。致慤則著。入室如見其形。入廟如聞其聲。駿奔對越之際。儼然見祖宗之靈爽。如在其上。如在其左右。庶幾祖考來格。降福無疆。是之爲序也云爾。

道光壬寅二十二年荔月中澣 庶煊 敬書

由厚地開基嶺頭始祖第一代祖宗

龙门阮氏族谱祭祖考簿

阮弥之鞠躬尽瘁，忠国惠民，恩及闽疆子孙。后受朝廷封赠，钦赐葬祭，官府拔银建祠，朝命有司春秋二祭，属于国家与人民公祭的旧制祠庙。不单是阮氏裔孙瞻仰与缅怀祖先，福州百姓亦感恩载德。阮弥之的事迹对于后世阮氏族人是精神鼓舞，后人也以此为骄傲，如阮氏五十八世裔孙，阮鸿志在“为始祖自叙”中写道：“闽都太始祖弥之公像赞：维兹闽土，昔为沦荒。明明我祖，师表一方，井田学校，功德无疆。上下千古，俎豆馨香。世运代谢，俾炽而昌。春秋瞻礼，遗貌煌煌，有三不朽，山高水长。”（阮文火、阮昌贵《中华阮姓通公谱》）这里所谓“三不朽”，指立德、立功、立言，这是对阮弥之的高度颂扬。此处三不朽，也可以指阮弥之在闽地的三大贡献：兴教办学、抵御峒夷、倡耕劝农。

历史上阮公祠的祭祀没有留下什么记载，一些零星材料也不足以还原当时的情境，阮文火、阮昌贵《中华阮姓通公谱》所载“忠惠春秋祭领银状式”文字十分简短：“具领阮公祠裔生鸿志，今在大老像台下，领得本年春秋祭原钢银壹两贰钱三分厘八毫，前去备办牲仪，

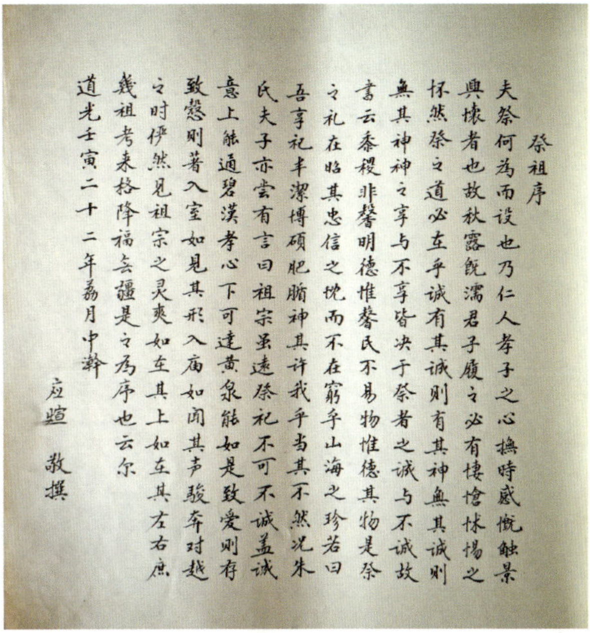

祭祖序

夫祭何為而设也乃仁人孝子之心擄時感慨触景
興懷者也故秋露既濡君子履之必有悽愴怵惕之
怀然祭之道必在乎诚有其诚则有其神無其诚则
無其神神之享与不享皆决于祭者之诚与不诚故
書云黍稷非馨明德惟馨民不易物惟德其物是祭
之礼在昭其忠信之忱而不在窮乎山海之珍若曰
吾享祀丰潔博碩肥腯神其许我乎当其不然况朱
氏夫子亦尝有言曰祖宗虽远祭祀不可不诚盖诚
意上能通碧漢孝心下可達黄泉能如是致爱则存
致慤则著入室如見其形入廟如聞其声駿奔对越
之时伊然見祖宗之灵爽如在其上如在其左右庶
幾祖考来格降福無疆是之為序也云尔
道光壬寅二十二年荔月中澣

应[illegible] 敬撰

《龙门阮氏族谱》书影

听侯委官行祭，所领是实。光绪 年 月 日，具领状裔生阮鸿志签字。”对历史人物而言，通过祭祀仪式体现了封建伦理，展示礼仪规范，这祭祀是儒家教化的手段。礼是“仁”“德”的表征，也是“仁”与“德”的实践。春秋二祭，体现礼典完备、仪节详密的特点。仁德是人的品格、德性境界，礼是个人修身准则，所以儒家强调“克己复礼”。《荀子》“礼之三本”，“上事天，下事地，亲先祖而隆君师”，认为天地是人生存之基，而君师社会管理者和教导者，祭先祖则代表着血脉的传衍和孝思之心。阮氏宗祠祭祖仪式隆重，由族长或有声望的人主祭，祭文内容体现阮氏族人对家族及后人的期盼，也体现族人对历代阮氏先贤的尊崇，这种形式也是延续家族文教的方法。

祭祀与治国二者联系紧密，不可分割，所谓“治人之道，莫急于礼”。《礼记·表记》有言“率民以事鬼神，先鬼而后礼”，祭祀活动的各类祭辞、训诫文字等均有规范、宣扬传统道德的意义。阮氏族人尊祖敬宗，通过祭祀活动缅怀祖先，维系族人情感，对社会风化甚有裨益。《阮氏族谱》载有论及祭祀及阮弥之祠庙的事：

阮公祠石碑

维天地细缊兮，范吾躯壳之形。维太极枢纽兮，畀吾性真之灵。维吾形外见兮，故尔丹青得以写吾之真。维吾灵之内蕴兮，虽尔良工安能阐吾之神。虽然形色兮，而天性自成。形而下兮，而形上者斯徵。故写吾衣冠兮，见先王之法是程。写吾容貌兮，见动必稽乎典型。写吾耳目口鼻兮，见视听言动惟四勿之训兢兢。写吾手舞足蹈兮，见仁义智礼乐之实于是而毕呈。仰不愧俯不怍兮，见浩然充塞之自盛。昼有为而宵有息兮，见阴阳合德之相乘。由是而穷养兮，则闲玩此理于胸襟。由是而达施兮，则弘溥此理为商霖。由是而理常兮，则不识不知而顺适于无臭无声。由是而处变兮，则不怨不尤外柔顺而内文。明希贤希圣兮，欲跻道岸于先登。继往开来兮，会道统之宗盟。存而顺兮，则众两而措乎常道之经。殁而宁兮，则全归而神游乎无有之滨。至是则天地莫知其穷际兮，而吾托以无倾。太极莫知其朕兆兮，而吾并运以永贞。不依形而立兮，浑然一气以流行。不随化而止，兮超万古其惺惺，又奚区区乎尔貌之评兮。读韩文公庙碑，至潮人饮食必祭，未尝不叹德政及人，信之深而思之至，有如子瞻所云也。

我入闽初祖资政大夫忠惠公，前宋元嘉中，以江左世胄来守闽疆，

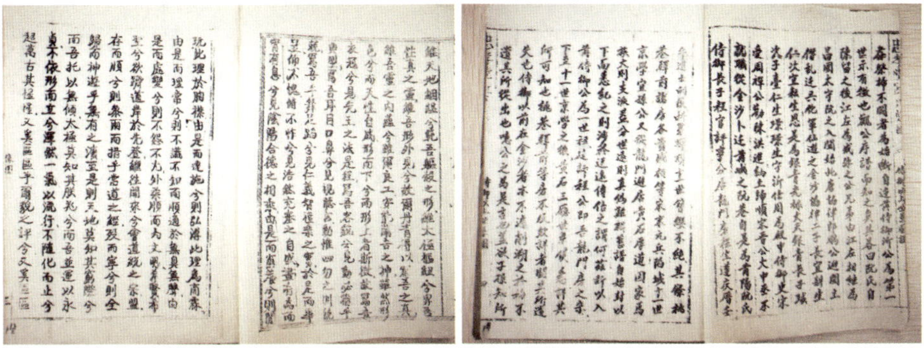

仙游《忠孝堂阮氏族谱》（1980 年重整本）

郡人祀之乌石山之旁，匾曰“八闽人师庙”。明季庙圮，世孙州牧希旦，疏请迁建水部门外归善里之前屿，事详通志。始闽人未知学，公至，明礼义，正风俗，一如昌黎治潮。时至其平垌夷，歼海冠，闽之人高枕而卧，又与韩公之除潮患等，进阶赠谥，庙食千秋，岂为过与？乾隆壬申（1752），诏发帑金，命有司重修公庙。乙酉（1765）秋七月二十有六日，小子晹携重修忠孝堂谱牒，同叔祖毓和谒公庙，谨录公自题像赞，镌诸谱端，不敏跋其后云。（《忠孝堂阮氏族谱》1980 年重整本）

第四章

文化遗产

“文化遗产”是指由前人创造并保留至今的文化遗存，包括物质文化遗存和非物质文化遗存两部分。江左陈留阮弥之宗族文化遗存亦包括其后裔的物质和非物质文化遗产，如遗址或遗物、族谱、家规族训、祭祀与民俗活动，以及联匾、碑刻等。宗族文化作为民族传统文化重要组成部分，萌芽于夏商周时期，至宋代形成较完备体系，明清时发展到高峰，各种姓氏或名人祠堂、族谱及祭祀活动，以及族田、族学、家规家训等是其丰富内涵的表现。谱牒、格言、家规、家训承载着儒家文化思想，其中有敬长老、孝父母、尊师长、崇俭朴、戒奢侈、禁赌博等家庭伦理和道德规范。通过宗祠活动，展示家族历史和杰出人物，有利于增强群众对本族文化的认同感和归属感，彰显本族对社会的贡献，能激励后人，同时对于维系基层社会结构、倡导良风美俗也起到重要作用。

第一节　宗祠文化

宗祠的主要功能是祭祖敬宗、族亲联谊，其作用为敦宗睦族、缅怀祖德、传承文明、弘扬正气。宗祠文化是博大精深的民俗文化中突出的内容，它对维系海外宗亲同祖国、家乡的关系，对于增进海峡两岸文化认同都具有现实意义与历史价值。

宗祠，俗称家庙、祠堂，是儒家礼制的产物，是崇孝敬祖的场所。旧时祠堂又称“家庙”“祠庙”。古代规定，宗庙为帝王专有，继之诸侯、大夫设宗祠祭祖。宋代朱熹提倡建立家族祠堂，祭祀高、曾、祖、考四世神主。到明代，朝廷允许百姓亦可建家庙。宗祠多建于家族聚居

正在修建的金沙阮氏宗祠

金沙阮氏宗祠匾额

金沙阮氏宗祠旧物

金沙阮氏宗祠柱础

金沙阮氏宗祠木雕

地中心位置，随着族众的繁衍兴旺，大家族专门建立宗祠或支祠。祠堂除了用以供奉和祭祀祖先外，还是族长行使族权、家族议事和社交的场所；有的宗祠附设家塾、学堂培养族中子弟。祠堂的规模大小不等，视财力而定，多数高规格祠堂建筑为木质结构，建筑宏丽，工艺精美，集建筑、雕刻、绘画、书法于一体，体现深厚的历史文化积淀和传统风俗，千百年来为族众所重视。

福建祠堂遍布城乡，目前各姓祠堂合计有数千余座之多。乡村古祠堂多数建在村中央，为民间保存最好的古建筑群体。始建年代可上溯唐宋时期，现存的多为明清建筑。福建祠堂种类繁多，有乡贤祠、纪念专祠、祖祠、宗祠、支祠和祖厝，还有女祠。各个姓氏都有自己支派入闽开基的祖祠（厝）。

江左陈留阮弥之宗族在传衍播迁过程中也修建有不少宗祠，祠内有神龛、楹联、牌匾、碑刻，存有历代修撰的族谱，有的张贴家规族训，目的是激励后代子孙好学向上，成就人生理想。春秋时节，阮氏族人还举行墓祭、祠祭活动。有的辟置族田兴办教育和公益事业，岁时村社境庙举行迎神赛会和各种民俗活动等。以祠堂为中心的宗族文化活动吸引和激励了一代代阮氏族人。

首先介绍福州前屿阮公祠：

阮公祠今在福州东郊鼓山镇前屿村，祀阮弥之。祠坐南向北，土木结构，前后二进，由门房、回廊、大厅、前后天井组成，占地面积575平方米。门墙洞开三门，中门上嵌石额直匾“乾隆二十四年奉旨重建”，下嵌横匾“钦赐葬祭忠惠阮公祠”，两旁边门分别写着“廉洁”“清白”，墙檐上彩绘绚丽，金碧辉煌。中门两侧抱鼓石线条简练，青石狮威风凛凛，埕边放置着六块石柱础，古意盎然。一进大厅面阔三间，进深二间，穿斗式木构架。双坡屋顶，两边设风火墙，厅前原悬有“闽瓯师表”题匾。二进大厅面阔三间，进深七柱，穿斗式木构架，斗拱雕花，装饰华丽，厅前置游廊，两边设风火墙。1933年至1938年，阮公祠中开办福建省立义务教育实验区工读学校，闻名省城，受当时福建省主席陈仪赞扬。中华人民共和国成立初期，阮公祠作为福建人民革命大学第一分部三班校舍，1951年，又改作省石油公司石油仓库，仓库管理员把神牌、匾额、柱上对联木板烧毁。1953年，阮公祠在农业合作化运动中成为拖拉机站场。1958年至1961年，阮公祠是鼓山人民公社的办公场所，1962年至1966年挂上公安派出所牌子。其后阮公祠又改成编制草席、草帽的草织厂，直到1970年。之后五年间，阮公祠又成为皮鞋厂，至1975年搬出。1987年至1995年作为鼓山镇茶厂使用。

早在1987年，福州前屿阮氏宗亲16人联名向政府交涉，请求归还阮公宗祠，还由日本冲绳“阮氏我华会”协助向政府交涉阮公祠回归族人事。1990年4月，阮公祠的长老代表、村干部阮文火向郊区文化局申请阮公祠列为文物古迹保护单位，1995年4月获得福州市郊区人民政府批准，成为福州市第三批文物保护单位。此后阮氏宗亲纷纷捐资进行重建。1996年，前屿村民委员会向鼓山镇人民政府递上报告书，称该村委会经研究成立文物保护领导小组，计划对文物按明代古建筑设计修缮，获得镇政府批准后，着手重修阮公祠，该工程于2000年竣工。阮公祠现占地面积600多平方米，大门向北，一通四进，前门为牌楼式。

前屿村现1000多人口中阮姓占一半。重修阮公祠的捐资者中，除阮姓外，还有当地居民，包括叶、陈、刘、杨、黄、柯、郑、徐、王、林、张、潘、许、李等姓氏。

福州市阮氏宗亲委员会编撰的《福州阮氏宗谱》，收录阮氏宗亲从鼓山茶厂手中收回祠堂重建时所写“庙记”，记录忠惠阮公祠的变迁梗概。

尤溪台溪盖竹阮氏大宗祠位于尤溪台溪盖竹村三斗，始建于元泰定三年（1326），后陆续建有“时思堂”“洋中堂”“新福堂”“格思堂”及下甫分祠。

尤溪中仙善邻村阮姓宗祠，又称“龙岭堂”，位于尤溪中仙善邻村龙门场岭头崛底。该祠始建于明万历四十三年（1615），由阮惊人主持修建，清康熙五十二年（1712）重修。

尤溪中仙善邻村阮姓长房祠，又称“凤岭堂”，位于尤溪中仙善邻村半岭。该祠由第九世孙阮清兴建成，清康熙年间始建，2001年重修。

盖竹洋中堂

盖竹洋中堂祠堂正厅

第四章 文化遗产

盖竹洋中堂前旗杆

阮弥之后裔阮沂，为入莆始祖。阮沂从仙游金沙村上库迁居莆田城内阮巷。后裔散居黄石厚道园亭、郊尾镇阮庄等地。郊尾阮姓主要分布在后溪、阮庄、三埔、塘边、郊尾 5 个村落。

仙游县郊尾镇阮庄村阮氏宗祠，是莆仙地区较大的一座宗祠，位于郊尾街西北角，族人曾在此办学，民国时期借设为短期小学。1945 年，乡人捐资扩建教室，县里批准设立县中心小学。1965 年，宗祠被占用，改建为二层平房，祖先神像被毁。2009 年，宗祠董事会重建宗祠，热心人士感念先祖恩泽，共襄盛举。重建工作得到阮庄、后溪村大力支持，族人乡贤慷慨解囊，是年九月动工，翌年十二月告竣。宗祠在原地按原状重建，耗资 110 多万元。建筑面积 700 多平方米，规模依旧，面貌更新。阮氏宗支中涌现出诸如中国军事医学科学院阮金秀少将、莆田市副市长阮军等名人以及博士生、研究生与各类科技、文化、经济人才。

仙游阮氏宗祠

莆田郊尾阮庄阮氏宗祠

阮氏祖述先辈遗志，继承忠孝遗风，与时俱进，再创辉煌。

宋元以后，各家族祠堂的族田兴起，为家族提供经济基础。墓祭之俗，春秋战国时期已有，唐宋以后，上冢之礼盛行，名曰“拜扫”。祠祭，即在祠堂内祭祠。祠堂是供奉祖先神主牌位的地方，又是家族组织进行事务活动的场所，因此，在家族的四类祭祀中，祠祭是最正规的。每逢春、秋两祭，更是十分郑重。通过庄严的祠祭仪式，上下尊卑伦序关系得到体现。杂祭是指上述规范的祭祀外，其他不规则、非定时的祭奉荐享，如逢族人有添丁、中举、婚娶、架屋等喜庆大事，一般都要祭祖，向祖先报喜。杂祭中最隆重的要算是七月中元鬼节和不定期的拜忏。阮公祠在民国时期，由地方政府组织春、秋二祭活动改为宗族内部自行奠祭，新中国成立后停祭。1993 年和 1999 年，先后在前屿阮公祠举办第一届和第二届福建省阮氏宗亲联谊大会。2017 年 3 月 13 日，有台胞阮氏宗亲来前屿村寻根，举行盛大的祭祖仪式，正式恢复了春祭。

还有墓祭活动。2021 年 12 月 12 日上午，莆田阮氏族人邀请省内外阮氏宗亲，共同参加阮氏莆阳开基先祖西山公阮沂灵牌位重立揭幕暨抗金民族英雄忠武公阮骏陵墓重修告竣庆典活动。主持人为现场阮氏宗亲介绍先祖阮沂、阮骏的事迹。随后，阮氏宗亲纷纷向祖先上香行礼，表达崇敬缅怀之情。

宗祠的族产，民间一般包括土地、山场、房屋、店面、桥渡、滩涂蚬田及水利工程、水碓碾房、油坊等生产生活设施。族产收益主要用于建祠修墓、纂谱联宗、办学助学、迎神赛会、门户应役、兴办公益事业（如修水利、修路、修桥设渡、设茶亭等），以及应付民事纠纷、诉讼乃至械斗补偿等等。族学一般附设于祠堂周边。族田名目繁多，

2017 年，阮氏宗亲在阮公祠奉行春祭祭祖仪

2021 年 12 月，阮氏莆阳宗亲在阮骏墓前举行墓祭活动

有祭田、烝尝田、社田、义田、书灯田、香油田以及公役田、轮班田、桥田、渡田、会田、社田等，通称“族田”。族田还具有赈济贫困族人和资助学子的作用。有的大族还设立义仓、社仓、常平仓等设施，赈济行为规范，惠及同乡里人。族产具有经济共利的意义，也有防止家族衰落的目的。除了鼓励有钱宗亲捐资出力外，也采取经理制度和轮值制度管理族产，防止出现舞弊或侵吞田租现象。围绕宗族事务与祠堂管理，家族都设有宗祠理事会，多数宗祠都有管理组织。有的宗祠兼做乡村老人会，也是乡间社交、休闲的重要场所，宗祠作为乡村社区公共空间，得到合理利用。如今，宗祠的经济来源主要靠族人捐献，祠堂建筑的豪华程度与族人经济实力通常成正比。宗祠理事会（宗亲组织）有的开展资助族人的社区公益慈善活动，开展最多的公益活动是奖学助学服务，其次是助老服务，第三是济困服务，很多家族组织设有教育基金，用于奖励考上大学的子弟，对于家庭贫困的子弟也给予资助。

福州前屿阮氏宗族在清代以前的族田、族学的情况资料不详，新中国成立前，阮氏与其他姓氏共同举办乡村学校，热心创办省工读学校教育的阮氏族人有阮家书、阮家英、阮家榕三兄弟及阮春生、阮家茂等十几人。

新中国成立后，阮世英开创前屿村育英教育基金会，主动投资 1 万元美金，并带动其他人投资，作为全村学童升学奖助经费。

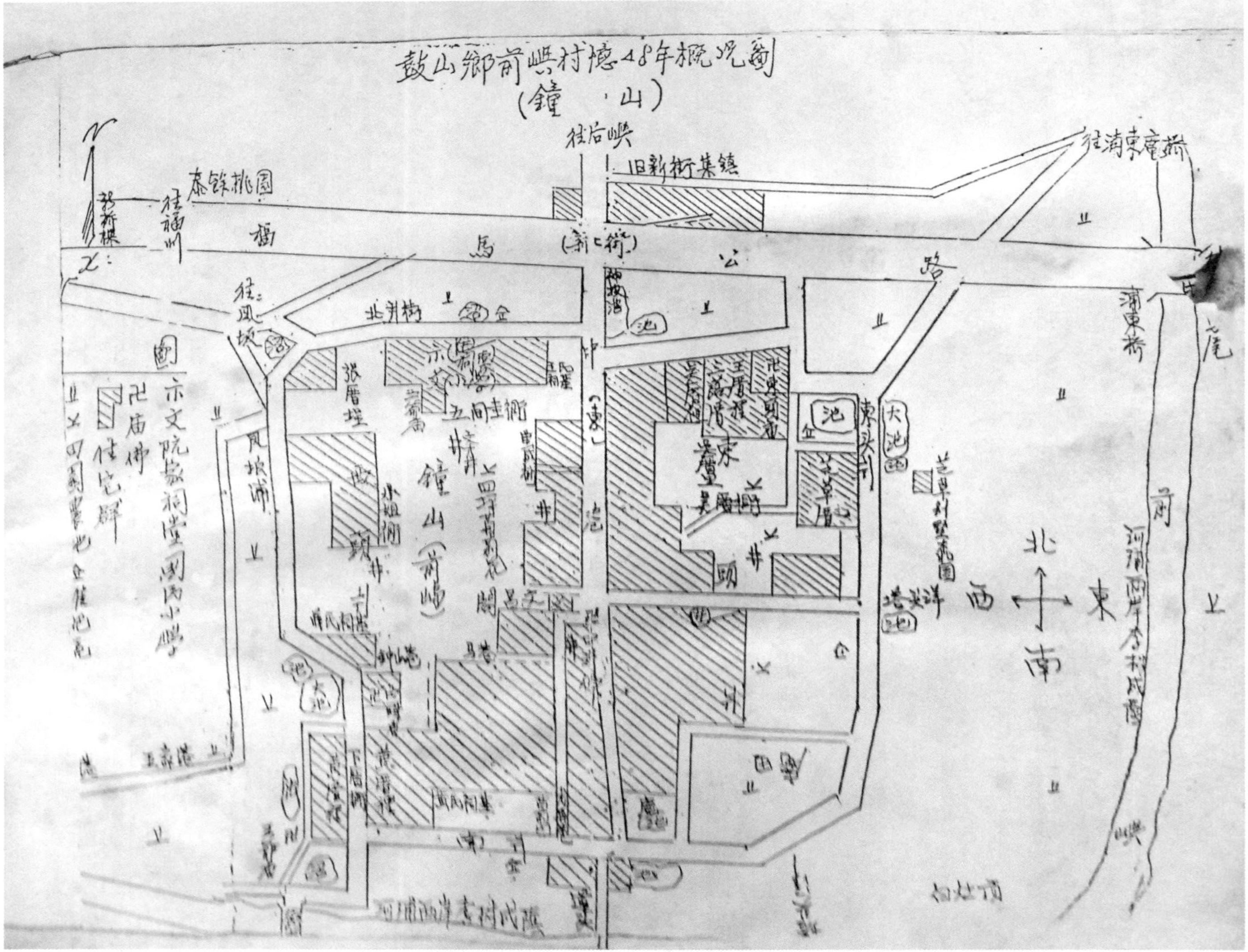

鼓山乡前屿村 1948 年概况图

第二节　族谱编修

族谱以表谱形式记载家族世系传承历史、繁衍发展情况及重要人物事迹，是中华文明史中具有平民特色的文献，是中国古代宗法制度的产物。如今，家谱同各姓氏的郡望、堂号一样，不仅可以区别姓氏源流，作为数典认祖及研究历史、地理、社会、民俗等参考资料，也是姓氏文化的重要组成部分。家谱不仅记录家族的来源、迁徙的轨迹，还包括家族生息、繁衍、婚姻、文化、族规、家约等历史信息。北宋文学家欧阳修说：“族有宗谱，则人知其所出，知其所出，则尊其祖，尊其祖则爱其身。修身慎行，自不容不以谨矣。”苏洵则说：“谱牒亦立言之一端也。”“三代不修谱，为不孝。”近代史学家梁启超也讲道：“中国乡乡家家皆有宗谱，实可谓史界瑰宝，如将来有国立大图书馆能尽集天下之谱，俾学者分科研究，实不朽之盛业。”收集、研究族谱，有助于历史研究，也有利于中华民族的团结，可增强民族凝聚力。

从现存各姓氏族谱看，族谱中主要记述姓氏源流家族世系传衍、人口变迁、迁徙分布和婚姻生育状况；家族成员的科名、官职、仕历、功德，以及艺文著述；家族经济情况及财产变动；家族成员丧葬、祭祀典礼等活动；家族办学、教育状况及族规家训等等。族谱内容丰富，记载时间长，有的纵横数百年之久。总之，族谱较为全面反映家族与社会的政治、经济、教育文化风俗等多方面的情况，为后人研究区域社会文化、了解历史提供翔实的资料和可靠的数据，具有其他史籍不可替代的文献价值。族谱作为“私家史记”性质的文献，具有鲜明的时代性和地域性。此外，族谱中的艺文、碑刻、墓志、祭词等，有的收有历代族人的诗文著述等作品。修谱一般要求三十年一修，以善继善述。阮氏族人同样重视修谱，族人历代传承，今人得以方便追溯木本水源。兹介绍部分阮氏族谱如下：

一、前屿阮氏族谱

前屿阮氏族谱在“文化大革命”中被毁，其始迁祖阮日谊的次子阮明支系侥幸存留《陈留竹林七贤阮氏族谱》，保存了前屿阮氏到光绪七年（1881）的历史资料。此谱后由阮文火续修，记事至 1990 年，为抄本。另外，前屿阮分祠还存有《中华阮姓通公谱》，亦系阮文火等纂修，有 1997 年排印本，一册，平装，书名据书衣题，福建省图书馆有收藏。《钱屿墩阮氏族谱》，阮文火纂修，有 1997 年排印本，一册，平装，福建省图书馆有收藏。《福州阮氏宗谱》，阮家彬纂修，2019 年 9 月印刷，主要记载谱序、传衍脉络、历代名人和前屿忠惠阮公祠、阮氏现行行第和阮弥之入闽、后裔迁徙省内外各地情况等。《福州阮氏宗谱》收录阮氏名贤 82 人，其中夏商至晋代 22 人，南朝阮弥之以下 60 人，包括阮肇、阮瑀、阮籍、阮咸、阮弥之、阮鹏、阮沂、阮骏、阮师旦等先贤。

此外，福州地区尚有另外两本阮氏族谱，一是闽清二都前坪陈留阮氏支谱，为 1997 年铅印本，一册，精装，书名据书名页题。书衣题陈留闽清二都阮氏支谱，始迁祖阮五郎，清代人，福建省图书馆收藏。一是平潭龙溪玉屿阮氏家谱（不分卷），林实吾纂修，现有 1912 年抄本，一册，书名据书衣题。始祖阮来龙，清代人。始迁祖阮有发（该支系从漳州龙海迁来），清代人。福建省图书馆收藏。

“行第”古称昭穆，是指排行的次序。《礼记·祭统》称：“昭穆者，所以别父子、远近、长幼、亲疏之序而无乱也。”旧称宗族的辈分。古时候家谱中的名字包括名行、字辈、表字。字辈是同一代

前屿阮氏宗亲参编阮氏族谱人员合影

人命名的规范用字。行第是同一代人用规范字来代表家族中的大排行顺序。表字是名字之后所加表示解义的名称。行第是在熟识的男性之间相称的，诸如白居易称元稹“元九”。宋代王谠《唐语林·补遗一》：“景龙初，有韩令珪起自细微，好以行第呼朝士。”清代俞樾《春在堂随笔》卷五载：“元制庶民无职者，不许取名，止以行第及父母年齿，合计为名。”八闽阮氏现行“行第”，讳“名”：“昌国传家宝，文章邦国光。庆余知善绩，泽远见源长。雅意昭仁爱，诒谋著义方。昇平成际会，元恺喜赓飏。”字“表”：“清朝儒术重，哲裔聚登瀛。卿相存怀养，英才望鼎衡。诗书传圣道，志学传先行。祖德垂千载，孙曾继万年。”

二、兴化阮氏族谱系

兴化阮氏谱系先贤多有记述，但较为散乱。清乾隆间莆阳阮赐曾主持编修一套族谱，后由清末秀才阮景北保管，流传至今。20 世纪 70 年代，仙游龙华镇金沙村与晋江人因地界问题打官司，最终阮氏族人在族谱中找到证据赢得土地权。通过此举，族人意识到族谱的重要性，将这一套族谱交给阮景北的儿子阮家骥保管。由于年代久远，旧族谱因虫蛀雨淋，破烂不堪。阮家骥组织村里读书人重新编撰族谱，并用毛笔认真抄录祖传资料。北宋至道三年（997），阮鹏五世孙（昌国二十六世）孙阮沂携长子阮程，由金沙上库迁居莆田郡城右厢之龙门阮巷（今属莆田市城厢区太平社区），为莆田阮氏始迁祖。莆田阮氏现存族谱《忠孝堂阮氏族谱》始修于宋代；后历经多次重修、续修：宋绍兴四年（1134）阮良孺二修；约于明正统五年（1440）阮哲三修；此后，阮腾光、阮衍宗先后续修；明嘉靖三十三年（1554）阮令琳六修；清乾隆二十九年（1764）阮旸七修，翌年告竣；（后因故损毁不全，仅阮景北、阮家骥父子珍藏一套孤本）1912 年阮景南续修；1978 年阮家骥率族人阮其宴、阮舜远、阮金梅逐字手抄续修。谱载谱志、祖上庭比事、传谈、志乘列传、世系图、字序（备考）、黄石三房世系图、东房后门世系图、东房孔思派下世系图、祖堂墓画等。该族谱是研究阮氏历史的重要资料，具有很高的文献价值。

今存《忠孝堂阮氏族谱》是阮家骥等人在 1980 年至 1986 年间编撰的，主要将兴化阮氏的祖上庭事、名人传记、分系各户资料等记录在册，更将祖上画像、祖堂墓画等编撰其中，整套族谱较为系统、详细，图文并茂。1996 年，由阮金梅在原有的 1980 年旧谱（12 册）和 1986 年家乘（11 册）基础上续增谱系一册，共为 24 册。

据仙游《忠孝堂阮氏族谱》载，唐代陈留尉氏人阮弥之第三子阮

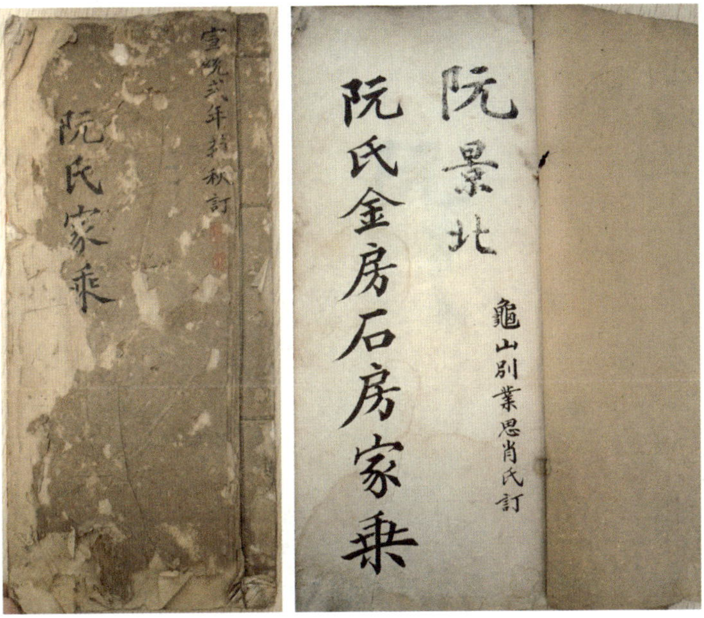

《阮氏家乘》书影（清宣统二年订）

贾夫的二十世孙、南唐中官协律郎阮鹏，于唐僖宗广明年间（880—881）避乱隐居今仙游县龙华镇金沙村上库，为阮氏入仙始祖；协律郎在唐代为正八品以上官员，在朝廷掌管音律和礼仪。协律郎虽然官小，其实关系重大，是成为皇家女婿必走的一道程序，可见当时晚唐皇帝对阮鹏的重视。莆田阮氏宗族有自己的字辈行序，具体是：“举进存仁，端庄树则。克家象贤，立朝司直。忠孝有源，图书惟式。名策清时，勋昭王国。奕叶绍兴，绪光千亿。”（摘自莆田郊尾镇阮庄阮氏祠堂内壁）

另外，周宁阮氏也有自己的字辈行序：“文章华国，诗学传家。”

莆田阮氏现存《忠孝堂阮氏族谱》年代久远，记载翔实，在福建各地阮氏族谱中具有典范意义，且莆田阮氏先祖阮汝龙请到南宋爱国将领文天祥为其族谱作序，更提高了莆田阮氏族谱的地位。

魏晋隋唐时期，谱牒主要用于区别门第高低，进而作为选官、品人、联姻的主要依据。到宋代，民间私修谱牒逐渐盛行，家谱的社会政治功能大大减弱，而敬宗睦族、淑世立教的作用明显增强。文天祥在莆田阮氏族谱中，多次提及家族修谱的重要性与家谱的敦亲教化作用，“纪之以谱，襟序昭穆明世系，伦叙不乖，情谊属联，相亲相善，勉成为忠臣、为孝子，其于世教，不大有所裨益乎？”文天祥重视《忠孝堂阮氏族谱》，认为家谱修撰的作用既是为了移风易俗、敦教化民，还能凝聚家族人心。

文天祥为莆田阮氏族谱撰写谱序还称：“古者聚民于井田，家有恒产，族无所之，而又奠之以世系，联之以宗法，亲之以祭祀，设之以学校，而道之以六德六行。故民生其时，恒心不失，而仁义之道勃然而兴，人皆亲睦，比户可封，孟氏所谓人人亲其亲，长其长，而天下平也，此也。自阡陌开而族散，宗法废而族移，学校德行之教弛而族离，历世滋蔓，子孙至不知先人名行，视宗族如路人，离群孤立，放僻奢侈者有之，贤者伤之。”谱序中叙述阮氏一族入闽缘由，及其与阮汝龙交游的情况，还述及莆田阮氏自阮鹏开基以来，涌现出许多功成名就的后辈，表达了阮氏传家久远，其族谱修纂工作是对家族、对天下皆有利之事业，表示赞赏：“固重其可以尊祖睦族，为一家之宝，尤重其可以风天下成至治，而为天下之公宝也。”阮弥之后裔传承先祖精神、品格，在朝为官皆能公忠体国，而忠孝二字后来亦成为阮氏“堂号”。阮氏后人称家族祠堂为“忠孝堂”，传为“开族地”，建筑位于郊尾街。原祠堂的选址与建筑规制十分重视“风水”：祠宇坐西北向东南，贵称“伏地虎”；门前左右两高地环抱，成形“龟蛇保口”；面对远山银锭为屏，叫作“银锭观”。阮氏族人曾经在此礼师讲学。民国中期某小学曾借设于此，1943 年乡人捐资扩建教室，县准设立中心小学。以后几经演变，1965 年，阮氏宗祠下座由平房改建成两层楼舍。（莆田阮氏《忠孝堂阮氏族谱·忠孝堂的变异》）

三、德化梓安阮氏族谱

德化梓安阮氏族谱从明成化十六年（1480）至公元 1995 年，历经八修，共八卷，前三卷遗失，现存五卷。

梓安阮太德，字追上，生于南宋淳祐丁未（1247），于祥兴元年戊寅（1278），从仙邑潭边考坵入龙浔，托迹善均里车村保际头洋（今德化县南埕镇蟠龙村漈兜洋），继而迁居梓安村，始耕樵，至耕读传家，至今已有七百多年历史，繁衍生息二十九代，总人口 558 人。明洪武间（1368—1399），约于 1390 年阮氏四世孙阮三奴迁居新化里，后又迁居尤溪县廿五都厚地乡（今尤溪县台溪乡盖竹村）。后分两房，一房开支尤溪县中仙乡龙门场，一房开支中仙乡剑溪村，后又有宗亲开支尤溪县清溪乡象山村及梅仙乡，现有总人口 400 多人。

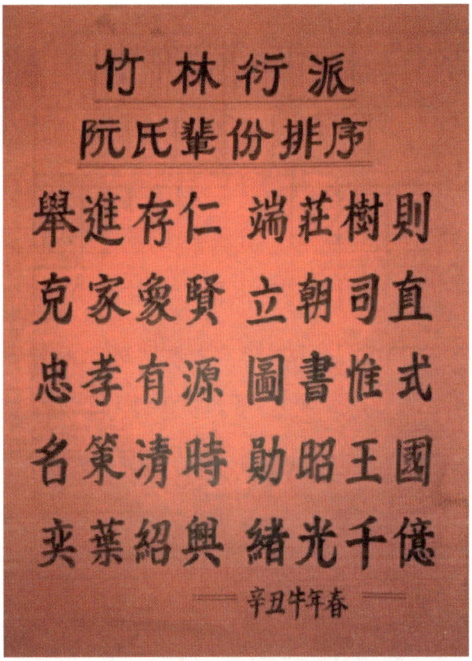

竹林衍派阮氏辈分排序

始祖十四世孙阮荣祺（字志甫）与侄子阮士藏，于清康熙四十二年（1703）在本山地名枫坪（今南埕镇蟠龙村飞坪角落）荣建华厦居住，至今已有三百多年历史。梓安阮氏二世小什字殷冀，生于 1279 年，于 1304 年兴建燕美堂宗祠，负甲拱庚兼寅申，形化紫燕归巢。燕美堂总占地面积千余平方米，主堂及附属共四座，木料瓦盖结构，建筑工艺奇特，近似燕鸟垒巢，迄今已有七百多年历史。

1993 年，阮氏族人新建水尾灵应宫；2014 年，再建水尾化龙桥亭及整修灵应宫；2016 年，重建明月堂四位恩祖殿，总投入资金 150 多万元。近十年来，燕美阮氏人才辈出，出现 40 多名大学生，其中两名考上清华大学。

四、尤溪县阮氏族谱

尤溪县阮氏族谱有三种，分别为尤溪台溪盖竹《阮氏族谱》、尤溪厚地《阮氏家乘》、尤溪中仙善邻《阮氏谱牒》。三个族谱记载了南宋宝祐三年（1253），阮弥之第二子阮渔夫的后裔阮忠二自福州迁居尤溪水南。元泰定三年（1326），其次子阮成二从水南迁居尤溪台溪盖竹村。台溪阮姓主要分布在盖竹的上洋、后洋、双山等地。明初，阮三郎从德化樟安燕美堂迁居尤溪县台溪乡厚地村（今称盖竹村）。明正统元年（1463），阮三郎的五世孙阮益才迁居尤溪二十六都龙门场破石坑。阮益才的后裔孟江、孟湖又移居吴氏池崛大楼厝；阮怀八迁居南岭崛坵。清光绪年间（1875—1908），龙门场半岭阮氏第八世孙阮自泰迁居中仙乡剑溪村。尤溪厚地《阮氏家乘》中有大量祭祖开支、族内分家、族产交割等文书资料，是研究明清福建宗族经济史的宝贵资料。尤溪台溪盖竹《阮氏族谱》，始修于明崇祯辛巳年（1641），由陈凤陛编修；清乾隆四十七年（1782），由第十九世孙阮顺乾重修；清光绪九年（1883），由二十四世孙阮永类重修；民国二十八年（1939），由阮德涵、阮智及重修。尤溪厚地《阮氏家乘》据1939年抄本复印，书名据书衣题。四修本，陈廉清纂修。尤溪中仙善邻《阮氏谱牒》始修于明嘉靖二十一年（1542），由阮法兴主持编撰并作序；清道光二十二年（1842），由阮应煊主持重修，增补谱序、世系图；1990年，由阮光藏主持，聘请台溪傅承卯先生续修。

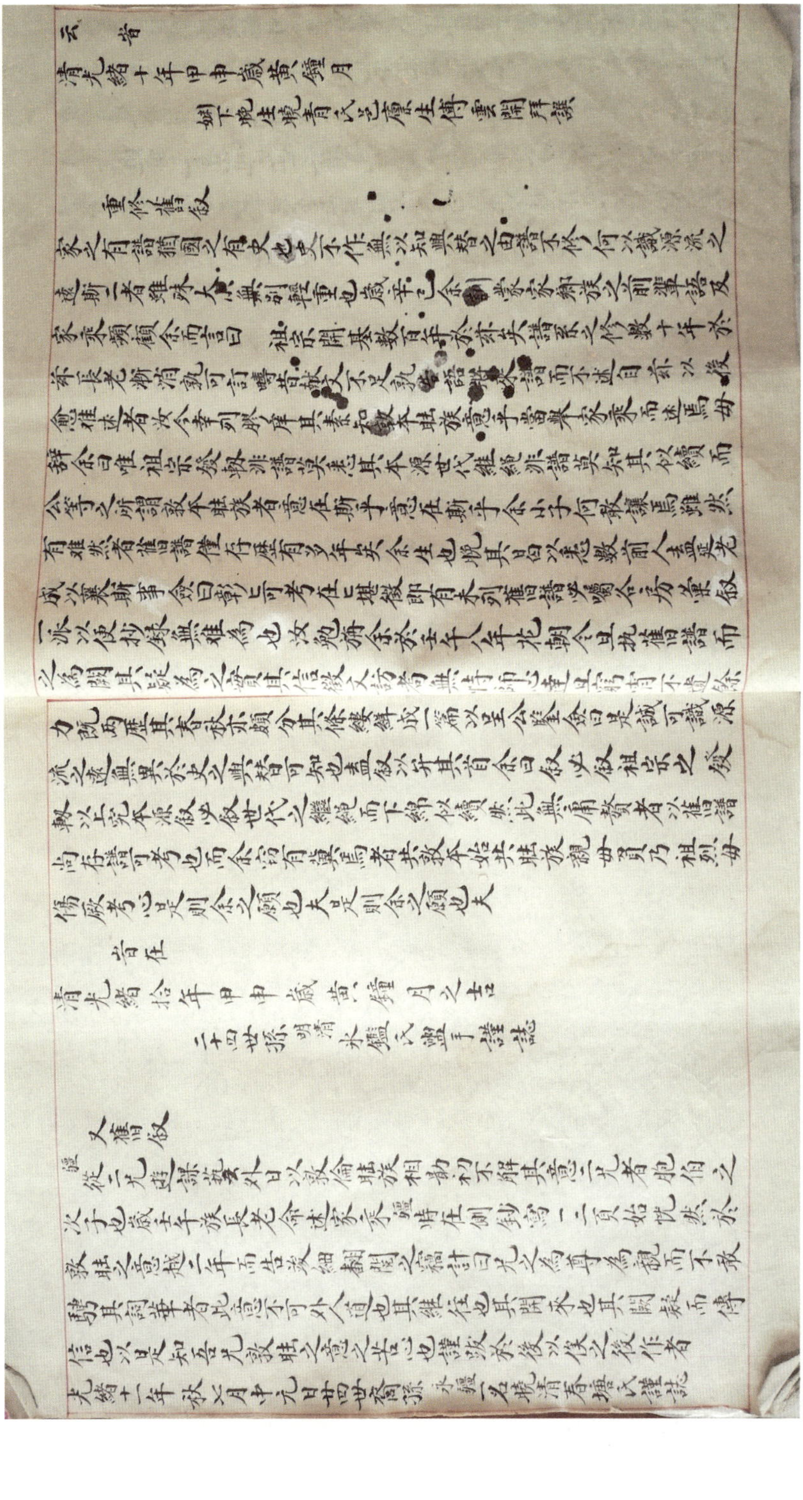

第三节 家风家训

家训是指家族内部的箴规训诫，即先辈对子孙、对族裔的直接训示与教诲。家训作为一种家庭教育形式，是维系和发展家庭和家族不可或缺的精神指导，是形成良好家风的宗族道德信条。传统家训是中国古代的文化传承，凝聚了中国人长期积累的教育观念和人生智慧。八闽阮氏家训，作为阮氏家族代代相传的行为规范，从而形成阮氏家风。家风是一个家庭或家族产生凝聚力的思想纽带，阮氏家谱即是承载阮氏家族历史记忆和家风教化的载体，教化一代代后人不忘本源，践行先祖遗德与训条，规范族人立身处世，确保家族健康成长，延续家族的荣誉声名。

一、传统家风家训

《说文解字》云："训，说教也。"是一种说教授道行为。孔安国撰《尚书序》中提道："典、谟、训、诰、誓、命之文凡百篇。"，"训"作为"尚书六体"之一，最初依傍政治而生，是"政事之训"，记载有关执政规则的训诫。随着社会的发展，"训"体大致经历从"政事之训"到"家教之训"的演变。"家训"一词最早出现于《后汉书·边让传》："髫龀夙孤，不尽家训。"意为"父母的教导"，即家教。家训根植于中国深厚的历史文化土壤之中，是中国人独有的治家规范。蕴含其中的治家和兴家的智慧，也是维系中国古代万千家族经久不衰的传家宝。古人认为，凡是教导子孙后辈如何修身齐家的言辞和文字都是家训。像周公《诫伯禽书》、曹操《内戒令》、诸葛亮《诫子书》

《诫外甥书》、司马谈《命子迁》、陶渊明《命子》等都是家训。唐、宋以后，出现大量韵文形式的家训。陈振孙推崇《颜氏家训》，在《直斋书录解题》中称，“古今家训以此为祖”。《颜氏家训》标志着中国古代传统家训的成熟，是历代家教的典范，它自成一家之言，新创“家训”文体，是第一部以“家训”命名的训言体著作，堪称“家训之祖”。“天下之本在国，国之本在家”，魏晋南北朝时期，家族文化兴起，家族意识日渐浓厚。人们更加重视“家风”“家声”和“家学”。《颜氏家训》在《教子》《治家》《风操》等章节中就谈到涵养优良家风的重要性，“治家之宽猛，亦犹国焉”。把治家与治国并论。“家训”是中国古人特有的治家规范，其目的在于“轨物范世”“整齐门内，提撕子孙”。

六朝时期中原变乱，大家世族举家南迁，为了在相对陌生的南方生存发展，这些大家族特别重视对家庭成员的教育，故当时许多大家族人才辈出。著名学者刘勰就说：“尔其缙绅之林，霞蔚而飙起；王、袁联宗以龙章，颜、谢重叶以凤采，何、范、张、沈之徒，亦不可胜数也。”（《文心雕龙·时序篇》）而“闽中阮氏家训”比《颜氏家训》出现得更早。

二、闽中阮氏家训

闽中阮氏家训强调敦宗睦族，教育子弟修身养德，积善方有余庆，不忘父母养育之恩，要孝敬父母，悉心教导子孙成长，兄弟有困难应相互接济；要诗书传家，男耕女织，勤俭持守家业。在德业上，要谨言慎行，慎重交友，要包容忍让，制怒消灾，要勇于改过，常存善念，要帮助困难邻里，勿使德行声誉受损。

阮氏家训十条

一、尊祖

水有源兮木有根，先生之德配乾坤。时严庙祝明昭穆，常指家乘示子孙。稍富即思修俎豆，至贫唯力务田园。夙兴夜寐期无忝，余庆恒归积善门。

二、睦族

万派初从一派分，儿孙饮水要知源。家无言语和宗族，匮有资财济弟昆。问疾庆生情必厚，周穷救患义须敦。旗山松柏参天绿，千载难忘父母恩。

三、守业

前人创业最艰辛，后世贻谋要守成。屋宇勤修须整洁，田租时取免纷争。珍存什物尘难朽，宝爱诗书蠹不生。执玉捧至铁废坠，宗乘千载绍芳声。

四、治生

女勤要织男勤耕，节俭由来可养生。唯今孝亲兼敬长，不须礼佛与济僧。晨兴先扫祠前地，夜睡常防壁上灯。淡食祖衣安素业，心无欠虑福绵臻。

五、教子

功名利达草头生，守分安常莫厌贫。勿因邪谋坏心术，恒将豪气养精神。都君不忝嚣顽子，迁叟端为社稷臣。古往今来忠孝者，看来都是读书人。

六、耦寅

宽盖轩堂厚筑墙，廪中预积数年粮。常从心上存忠孝，休向人间较短长。守分自无非理事，教子只有读书强。不栽荆棘栽松柏，留与云礽作栋梁。

七、慎守

金人缄口欲何为，出好兴戎系你词。喋喋狂夫无忌惮，恂恂君子填枢机。只观自己诚和伪，休论他家是与非。忆昔南容能慎行，殷勤三复白圭诗。

八、惩忿

有时怒气涌如山，便揭先贤忍字看。一任狂风翻树石，勿教平地起波澜。小人唾面情难忍，君子包荒量要宽。反己自修无较真，决能灾祸不相干。

九、改过

慎过非难改过难，应知一篑可为山。善端动处凶皆吉，恶行除来睡即安。常对琴书清念虑，莫教尘土上衣冠。斩蛇驱虎人何在，留得芳名万世间。

十、恤邻

君子之居必择邻，缔交必择老成人。囊修良剂宜医疾，仓贮陈粮即济贫。理家曾闻裴相义，麦舟夙仰范公仁。常存善念行方便，暗室怡然有显明。

八闽阮氏家训形成良好的阮氏家风，熏陶培育了一代代俊彦英才。在阮弥之后裔中，许多为官一任，清正廉洁，造福一方。如连江人阮嗣，洪武初，“以贡（生）入太学”。宣德二年（1427），授连州判官，任上“兴利除害，卓有声称”。（《万姓统谱》）又如前屿村人阮时懋，为官“勤事爱民，推心部卒”。（《粤西诗载·粤西文载·粤西丛载》）明成化二十二年（1486）中举人，授训导，擢庆远府宜山县知县，任上“锄强发奸，人称铁阮”。（郑祖庚《侯官县乡土志》）后又捍卫庆远，受到人民思慕感戴，“保障之功，至今赖之”。（万历《福州府志》）再如清乾隆时罗源县人阮升基，一生历任宜兴、吴江、武进县知县，扬州、常州同知，所至均有政声。为官“接士以礼，抚民以宽，治狱平恕”。（《宜兴县志》）此外，还有元代兴修水利的连江人阮满，宋代修造桥梁的阮杰，为官廉能的莆田人阮登、阮敷等。在耕读传家的家训教导下，许多地方的阮氏族人形成敏而好学、崇尚儒学家风，往往科甲兴盛，举业发达。据《八闽通志》《福建通志》等书记载，从宋崇宁二年（1103）到嘉定十年（1217）百多年间，莆田仙游阮氏至少出过15名进士。更重要的是阮氏家风培育出忠贞爱国的英雄，如宋末率兵拒金兵，力战而英勇牺牲的阮骏。阮氏后裔中不乏有功成名就之士，如革命先烈阮山、阮英平，还有爱国侨胞阮家金，他们为国家所做的贡献不可磨灭，受世人敬仰。这些成就和其家训族规有密切关系。

再引“仙游县郊尾镇卢溪令介轩公家训”全文如下：

盖闻尊祖敬宗乃子孙之分所当为，修身慎行尤嗣续之道所当尽。存乎此则足以光前而裕后，昧乎此则有以辱先而丧家，为我之子孙、承我之宗嗣，可不勉哉？余昆季三人友爱甚笃，不幸伯氏早世，余与仲氏共承宗嗣，每思祖宗统绪之所系，父母基业之所托，晨夕遑遑，不啻若背之沾芒，足之履冰焉，曷尝以一息自逸哉？犹虑厥后子孙气习不齐、贤愚不一，其于报本追违之道，修身正家之方或昧焉，是以息其固陋、蒐辑旧文，以觉来裔。凡时祭之礼或丰或俭，当称家之有无，勿以盛衰而废；礼事亲之道，先意承志，惟尽己之诚，勿以始终而易心。友其昆季，绥厥子孙，得一衣必思以衣父母，得一食必思以及兄弟，毋偏爱私藏，毋自作饮食，勿感于姐姒之言而争长竞短，勿失乎亲厚之恩而割户分门。宗族固有隆替，我则酬其贫而勿继其富；支庶固有疏戚，我则厚其戚而勿薄其疏。诗书随分而读，田园努力而耕，娶妇以德，择婿以贤。勿以富而骄于乡间，勿以贵而傲乎宗族。勿学赌博嗜烟，一动一静惟循夫理，一语一默常存于天。薪木之力固贱矣，我则横逆勿施焉，屋漏之中固隐矣，我则非善弗为焉，皆修身正家之大略也，勉而行之，其不能传宗祀于无穷而垂嘉谋于永久哉？古人曰“余见名门右族莫不由子孙忠孝勤俭而成立之，亦莫不由子孙顽率奢傲以覆坠之，成立之难如登天，覆坠之易如燎毛”，斯言深有闻于世教也。为吾后者，自一世以至百世，诚能以古人之言为鉴，而以余之言自励，则某氏之门岂不昌大矣乎？苟志若为妄，拂乎古而戾乎今，异日何以见祖宗于地下？今日者又何颜可入于家庙乎？言之痛心，尔宜刻骨。（《忠孝堂阮氏族谱》）

凡兴盛的家族皆能恪守家训，从而形成一种家风。每年，阮氏族人都举行祭祀先祖活动，他们溯本追源，不断学习、体味着祖祖辈辈所流传下的优秀家训与良好族风。阮氏家族对先人遗志的重视、传承，也是阮氏家族代有人才的重要原因。

第四节　文化遗迹

阮氏诗书传家之风由来已久，与其先祖阮弥之入闽开文教之先河以及闽地良好读书风气密不可分。阮氏古墓宗祠、阮氏文化建筑及家族中的文物遗迹等，是分居各地阮氏子孙追本溯源、缅怀祖先的重要文物。记载在文献中的文化史迹，也成为阮氏族人对家族历史的一种追忆。

一、闽山阮仲猷“种德堂”

福建已知最早的巾箱本图书，是宋淳熙三年（1176）闽山阮氏种德堂刻印的《春秋经传集解》三十卷。巾箱本，亦称“袖珍本”，指的是版面较小的古书，版式为半叶十行，行十八字，注文双行二十二字。版框高四寸八分，广三寸四分。此书原刊本已不存，但有明代复刻本，现存北京大学图书馆，原为清末藏书家李盛铎氏旧藏。卷末有牌记云：“谨以监本写作大字，附以释文，三复校正刊行，如履通衢，了亡窒碍，诚可嘉矣。兼列图表于卷首，迹夫唐虞三代之本末源流，虽千岁之久，豁然如一日矣。其明经之指南欤？以是衍传，愿垂清鉴。淳熙柔兆涒滩中夏初吉，闽山阮仲猷种德堂刊。”全文共 93 字。（*方彦寿《福建古书之最》*）

二、石盂

晋安区鼓山镇前屿村阮公祠内有北宋元祐六年（1091）石盂，落款为“弟子张二娘舍盂一口，辛未元祐六年六月望日造”。

三、古井

阮公祠东边北片街有一口古井，直径约一米，由六块石板组成六

石盂

角井圈，井圈风化较严重，据当地老人介绍，以前井圈上凿有文字。后来，因风化而漫漶不清。井壁为红砖垒砌，是榕城唯一一口用红砖垒砌井身的古井。井圈内壁有两个四方形浅坑，估计是经过多次修葺后留下的痕迹。井深约四五米，井水清冽，至今仍在使用。据专家考证，此井可能有七八百年历史。

四、莆仙地区有关阮氏文物遗迹与建筑

莆田市城厢区自古为兴化府地，素有“文献名邦”美誉，其历史源远流长，人文景观荟萃。当地名人辈出，许多文事及科举成就至今传为佳话。如“一家九刺史”“一门五学士”“兄弟两宰相”“魁亚占双标”“一方文武魁天下”“六部尚书占五部”等。区域中许多历史名人的事迹、著述、遗迹等，有待加以挖掘整理和展示。仅以莆仙地区阮氏家族而论，因其历史尚未引起人们足够关注，故而史迹不彰。

（一）古墓

古墓葬因历史久远，保护不善，故所存无多。当地名人墓葬遗迹，至今还存留有唐代林披、黄滔、郑良士墓，宋代蔡襄、蔡京、郑樵、刘克庄墓，明代黄仲昭、马思聪、林兆恩、郑纪、林兰友墓，清代郭尚先、江春霖墓等。阮氏祖墓也是莆田文化遗产。《忠孝堂阮氏族谱》载，入阮庄始祖“宏孙公祖墓”址在下路庯门前郑山时行，“下路庯山和

宫山为左右两翼，与称‘蜚鸦下田’，传为开族地”。后族人星散各处，古墓年久失修，圮墟残荒。1964 年，族人开山造田时垦成平地；1986 年，村老“摸着墓址正位”，并树牌说明，留为纪念。

阮沂，官五代后周侍御史，因有功于宋室，赵匡胤封其为“周殿中阮侍御史宋进阶大功臣”。其墓选址亦有讲究，墓前有丛摹香石，象征瑞气。后年久失修废为荒丘。20 世纪 70 年代，该墓地因当地乡民盖房的需要，于 1978 年与众骸集葬在广化寺南边一大墓中。阮骏墓址受到莆田县文化馆保护，为文物古迹。阮骏号千里，谥忠武，宋代进士，官河南少尹。时金兵南犯，徽钦二帝相继被迫北狩，高宗南渡，迁都

临安（今杭州），阮骏留守汴京，为国捐躯，御葬莆田县尚太里坑洋村白石山。在阮氏祖先墓葬中，值得一提的是仙游金沙的阮鹏墓，它是“地方上最古最有价值的丹丘”。1985年，被列入县级文物保护单位。其址在该地企岭山脚下，坐西向东，右边角上有巨石直立，面照溪流，俗称“美人照镜”，经历代裔孙多次修缮，至今保存完好。

阮鹏墓地

阮鹏墓地

（二）阮庄桥、至灵宫

阮氏家族历史遗存还有阮庄桥。阮氏族人迁居其地时，门前水势汇流成壑，横断道路，原有石板桥年久崩坏。其地行人众多，车辆来往频繁，阮氏族人将其改建为石拱桥。

仙游阮庄至灵宫也是阮氏家族建筑，旧址早已倾圮，族谱中留下记载：“宫建于何时，族人失传，据说时有修补。”奉祀“司马圣王”神像，传说是下路宫余姓奉祀的神像，因余姓衰落，族人抬奉过来，故本宫道场有“至灵宫余洋社”之称。后神像被族人焚毁，而宫宇尚存。1979 年冬，重修宫庙，重刻司马神像，焚香拜祀。1985 年，因嫌宫前埕地狭小，族人商量，阮庄捐地，余姓捐资，扩建宫埕，当成戏场。（《忠孝堂阮氏族谱·至灵宫重修与宫埕的扩建》）如今还存有旧宫庙中所留下的一对石狮。

至灵宫外景

至灵宫内景

石狮

（三）阮庄祖厝

仙游郊尾阮庄“阮姓祖厝”和“松林大厝”均为阮氏族人的标志性建筑。

莆阳阮姓十一世祖阮宏孙，南宋年间避居仙游阮庄，是为阮庄开基始祖，“其初居祖厝，确为后门旧址，面对龟山为屏，左有园中社亭坡为左翼，右有马鞍苏洋坡为右翼，后枕柳山为靠山。传至伯仁庆四，分成东西两房，东房以后门旧厝为起家，西房以后门西边旧厝为起家，厝貌经久翻盖，已非原形，东西两房比邻，各自繁昌”。

松林大厝位于龟山北面，“19 世纪 50 年代，受‘五八’风潮袭击，改设学堂，裔孙迁徙别居。”后因“不符合教育环境使用”，原建筑遂被改造，拆毁无存。（《忠孝堂阮氏族谱·阮姓祖厝和松林大厝的毁没》）

（四）阮巷忠武祠

阮氏族谱引地方志所载建祠历史：“仙邑志建置部载，河南少尹

阮骏公祠在孝仁里社稷檀西，后学省元出科联碣曰‘忠武阮公祠’，其为忠武公特祠明甚（后人议并祀协律郎鹏公于祠，以祖祔孙悖礼甚矣）。忠武家莆葬莆，历朝春秋，有司致祭于莆，特祠宜在莆也。”并记载祭祀情况：“莆承事房十六世孙曰淡泉者，侨居仙之西关外，又五世汝徵乏嗣，遗果园地亩余，虑为他人有，遗嘱族孝廉愧蓼公，将地归送厚道大宗，年收利充祭，俾其祖若考得祔食焉。然则是地何以不果辖莆祠，曰莆隔属不便收利，则盍挹而注之……鸠金沙旸谷族人一堂瞻拜，溯本原，明昭穆。”兹附《协建忠武祠原序》：

金沙千年古树

吾阮自前宋元嘉中昌国太守弥之公宦闽因家焉，代有显人。至唐协律郎鹏公由闽入仙，五传侍御史沂公，复由仙入莆，留次子福安，令特公居仙以承先祀，自与长子评事程公居莆之龙门。元孙进士河南少尹讳骏公，尽忠宋室，赠朝议大夫，谥忠武，春秋赐祭，国朝特祀忠义祠。万历七年，三山族宦州牧希旦公，迁建太守公庙于水部门外前屿，录忠武公事迹，呈请藩宪与弥之公并受官祭。况金沙房当南宋中衰，系忠武曾孙继祀，而黄石旸谷之宗宜孙、宏孙二公又系同胞，属忠武六世孙乎，今祠在莆者春秋官祭，孙子得与对越奔走之仪。金沙、旸谷道里云遥，难亲其盛，不无缺憾。兹黄石房世孙汝徵老年无子，二姪新镇亦赌荡乏嗣，脬菓园地一殿，遗嘱送入厚道宗祠，祔祀其祖父香火；其地在仙邑西关外社稷坛侧，后被新镇盗卖。五十一年，经

金沙阮骏像

梅父亲孝廉愧蓼公，呈余县主取回，禁卖在案；后又盗卖，梅不已于乾隆元年再呈邵县主验案断回。阮族营掌，但黄石离本地百余里，收取地利不便，因谋金沙旸谷族人，就本地协建忠武公祠宇，画像妥神。而汝徵之从侄拱候复捐租赀，置租以充祀典，生得展其仁孝，殁亦附于几筵。逓年租银照四房轮收办祭，则忠祖之灵当亦如水之行于地中，无往而不在也。倘能扩而张之，表扬于当道，而俎豆之。若三山州牧公之辉煌祀典，是所望于孝子慈孙，同伸尊祖敬宗之大义云尔。谨为之序。乾隆三年(1738)岁次戊午仲春上澣，二十世孙汝梅敬时书。(《忠孝堂阮氏族谱》)

阮氏家族重视读书，从《忠孝堂阮氏族谱·世庆堂记》的记载可看出这种传承："明年堂成，大父喜而后可知也，曰是宜名世庆，其用意深远矣。吾家自迁评积庆龙门，发轫为莆望族。初庵避乱别迁，创复基业，世德相承，于今未坠。大父起家勤苦，有志竟成，二十年前营五世坟，复先人业，兹复一力独肩，备详祀典，直与雨候众庙踵美垂休。故我子孙不必侈言崇报，但取公名堂义，顾而思之，继述之心，乌能以已裕后光前，异人任乎。"

另据族谱"古迹"记载，还有西山堂、阮巷、磨香石、螃蟹穴、开国进士坊、忠武坊、重兴寺、七星井、"有宋传来瓜瓞地"石刻等。

（五）西山堂

侍御西山公舍建在城南枋头。宋时，有檀越侍御史阮公影堂，在堂之北。嘉定九年(1216)丙子秋九月，庭生荔三颗，其一被方雷作取去，堂主坚执不可，雷作云"吾阮氏甥也"。是秋，吾家君祐、敷三公预乡荐，雷作亦预荐，敷雷作第进士，君祐中特奏名。又十二年己卯春，堂上生桂花一枝。是秋，君瑶公预荐，元庆公作诗纪瑞，载世籍中。怀子公诗云："荔枝秋实传双举，桂子春风喜再来。"

（六）阮巷

在郡城右厢。《莆阳志》驿前街巷：五马巷，旧系阮巷。又据府志，阮巷为留守阮骏居也。吾阮自侍御迁莆，堂构式廊，由湖头而庙前，而桃巷，而驿前，而龙门，居右厢之半，统称阮巷，以侍御史旧第为率也。忠武派下曰龙门者，驿原在府学前，有龙门坊，士子登第者，谒圣即趋龙门坊出，曰登龙门。今府有社曰登龙社，亦以此也。

（七）磨香石

侍御公墓在锦亭大路之北，详载郡志。其墓南有数石竖立，望之若笏，旧号“牙笏满床”，又曰“磨香石”者。遇大比岁，吾阮子孙谒墓，以手磨石，有桂花香味者必登高第。二十七世孙旸铭之曰：“明明我祖，为英为灵。卜兆显瑞，时契沧冥。既征甘露，旋应飞铃。维兹怪石，磊磊其形。挺兮类笏，列而为屏。科名先兆，如桂斯馨。祖德绵绵，石笏亭亭。岁时展谒，卓□典型。”

（八）螃蟹穴

楼迁评公夫人林氏墓，在濑溪狐狸潭。陈轸山人谶云：“一片石似掌平，有人葬此地，代代出公卿。”穴在掌中心，作螃蟹饮水形势。

（九）开国进士坊

此坊为庆历二年（1042），进士遵公立，在金沙上库，今大宗祠前左侧基址尚在。

（十）忠武坊

为河南少尹骏公立，原在右厢阮巷，宋末毁于寇乱。

（十一）重兴寺

在景德里。按忠武公夫人林氏痛夫死国难，建冲兴院于岭头上林境，以资公冥福，后遭兵燹。明洪武初，十世孙施地捐金，迁建于此，改名中兴，题檀樾主于大殿正梁，仍祀公于本院别堂。每岁正月初五日，阮氏子孙必衣冠到院肃拜，僧必盛礼留款，永为定规，此寺乃有粮。僧寺在十八业林之中，天顺间，山门火，正殿倾，宁国尉政公续整。国朝乾隆重修忠武祠。

（十二）七星井

在尊贤里白社。明十五世有为公由黄石迁居此地。尝凿塘四十余亩，为乡人灌田。复于本境凿井七口，与众汲饮，号七星井。遗迹俱在。

（十三）“有宋传来瓜瓞地”石刻

宣教房子姓掘地得石，长丈许，上刻“有宋传来瓜瓞地”七字。其宋室遗老初庵公之志也。

（十四）阮氏藏书楼

藏书楼创自阮静轩。谱载阮静轩：“倜傥有大志，甫弱冠而孤，家徒壁立，茕茕独与母崔居，以故不克卒业于学，为治生计。然性慕义嗜书，二弟、三子俱课之，习举子业。”并叙述书楼建设起始、命名、规模等：“于舍中隙地构小楼为请书，所多蓄俚史、传记、杂书于其中，颜曰‘静轩’，取逃喧之义，遂托号焉，于今垂百余年。堂一，室一，纵横各丈余，左右列窗棂，仍翼以栏楯。楼前数武许，凿一井，深九仞，味甘滑，大旱不枯。”后来“房屋被毁”，而斯楼“岿然独存”。

阮琳曾在此著书。阮琳，字廷佩，族人称晶山公。阮琳“窥理学正宗”，曾在此处“著《图书纪愚》《经书讲义》《仪礼》《律历注解》等书，晚贡入太学，魁京闱，谕金溪，令恩平。归田若干年，考终于此。”后阮养泉也在此读书、课子，“其以儒选应试，棘场屡战屡北，乃谢青衿，课儿孙，修家乘，啸咏自娱，犹手自校雠典籍，灯下作小楷蝇足，盖终身不下楼也。”谱中还记载相关事迹及建筑沿革：“吾父鹏南府君，性无他好，独喜与圣贤对语。甫龆龄时，值除夜，偏（遍）觅不能得，从楼中索得之，晶山公啧啧称奇。弱冠补弟子员，琅琅黉序中，顾以家贫，舌耕四方，间诣舍省觐，则兀坐披阅，唔咿声若金石，四壁题志殆遍，今其手迹若新也。数奇，赍志……弟儿辈痴钝不减子，而媮惰逾之，近以逼隘移新居。每一登楼，尘埃封闭，笥中藏半为蠹鱼所有。予瞿然惧曰：‘累代恪守之勤，百年未竟之业，而一旦弁髦弗恤，弓冶之谓何？’爰不惮修葺拂拭，更榜之曰‘藏书楼’，非敢更其旧也，政以存静轩公无涯之志也。后子孙其有能充闾跨灶，即故居而新之、拓之，则惟祖父之荣。其有即顽习癖，荒于嬉而淫于侈者，有不以此楼转他人，而以先世遗书易衣食者乎，亦惟祖父之辱。”

（十五）陈留郡祠堂（燕美堂）

陈留郡祠堂（燕美堂），元大德八年（1304）兴建，燕美堂祠负甲拱庚，形如紫燕归巢。明洪武年间（1368—1399），阮氏四世三奴公迁新化里，后迁尤溪县廿五都厚地。一房迁尤溪龙门场，又迁支坂面（即中仙乡剑溪村）。

（十六）金沙宫、金沙阮氏宗祠

“古店八乐”在仙游流传广泛，其中以郊尾镇古店村的八乐演奏为经典，现已被列入福建省第四批非物质文化遗产保护名录。“古店八乐”源于唐朝，至今已传承一千多年。相传，阮鹏为朝廷协律郎，系宫廷乐师，掌管乐律校正。阮鹏隐居于金沙后，乐于传教“八乐”。刘克庄《后村先生大全集》卷九《题白渡方氏听蛙亭》有句赞道：“画堂方喜听琴阮，谁爱天然律吕声。”这种音乐集盛唐古曲精华，有霓裳羽衣遗响流风，被誉为“闽中雅乐，太古遗音”。民间传说，阮鹏在金沙宫寺庙削发为僧，兴化府赐金匾“金沙宫”，以表彰其爱国之情，今金沙宫前屹立一株参天古樟，传为唐天宝年间（742—756）所植。阮鹏死后，后人在金沙宫西侧建造一座祠堂，以示纪念。金沙有唐代建造的阮氏宗祠，相传当时有九座，现仍保留两座。厅堂内至今尚留南宋丞相文天祥题词：“大中丞观象贻谋，累叶宦勋昭国史。烈留守捐躯报主，家学有源洒宸章。”

金沙宫

阮氏故居

第五章

阮姓名贤

历史名人是社会精英，对推动社会进程发挥关键作用。他们继承并创造优秀的历史文化，其功业品德、学术成就、精神魅力受世人崇敬、怀念。深入研究阮氏名人，对阮氏家族历史研究具有重要意义，有利于提高阮氏族人自信心和家族自豪感。同时挖掘阮氏人物历史，可以助推地方历史研究。阮氏族人为陈留人、阮国后裔，魏晋以降代有闻人。阮弥之一脉自南朝宋入闽，历齐梁陈隋唐，代出人杰。如宋代阮骏以身殉国，名垂千古；阮沂忠孝护国，传家有声，阮宜孙誓不仕元，避居乡村；明清两代阮氏家族仍继续为家国事业付出心血，以后阮氏优秀子孙辈出，俊彦之士名载谱册，“世泽长远，忠孝相承”。他们世守祖宗训诫，以文学、宦迹名扬远近，多能造福一方，功勋德业载之史册，使家声流传广远。因此，宣传他们的先进事迹和优良品格，研究他们的学术思想和文化成就，对于弘扬传统文化、教育后人，具有重要的现实意义。

第一节　汉代至宋元

一、阮肇

阮肇（生卒年不详），刘义庆《幽明录》中载其逸事一则：汉明帝永平五年（62），阮肇与会稽郡剡县人刘晨同入天台山采药，遇丽质仙女，后被邀至家中，招为快婿。因此阮肇又被称为“阮郎”。此事在后世广为传扬，后亦借“阮郎”代指与丽人结缘的男子。而此处采药之山，系在新昌县东一带，《大清一统志》“山背山”条载：“在新昌县东三十里，四面相距四十里，旁皆峻岭，之外环以大溪。又名鳌峰，其相接为寒云千叠，四面层崖，地气高寒，夏多挟纩。又东五里，为刘门山，下有采药径，相传刘晨、阮肇采药处，有刘阮祠。沿溪而上，有阮公坛。”唐代（一说东晋）人羊愔，其人薄于世禄，性情淡漠，常慕道术。一生逍遥散虑，遁迹林泉。一日游阮郎亭，留诗云：“阮客身何在，仙云洞口横。人间不到处，今日此中行。”（阮阅《诗话总龟》）

二、阮略

阮略（生卒年不详），字德规，山东淄博人，“因避乱，自尉氏县迁往河南光州固始。”（傅庆定《莆田市姓氏志·阮姓》）按《晋书·阮放传》等载，系晋人阮放（字思度）、阮裕之祖父。官至齐郡太守，“为政表贤黜恶，化风大行”。时官制规定不得随意立碑，少有人能够获此殊荣。阮略卒后，齐人感年其德政，“冒禁树碑，然后诣阙待罪。朝廷闻之，尤叹其惠”。（《陈留志》）此事在萧统《文选》亦见事迹：“而阮略既泯，故首冒严科，为之者竟免刑戮，致之者反蒙嘉叹。”

三、阮裕

阮裕，东晋名士，字思旷，阮放弟，阮籍族弟。以德业知名，处世“不惊宠辱”。历官临海太守、东阳太守、散骑常侍、国子祭酒、金紫光禄大夫、侍中、尚书郎等职。东晋大臣王敦常谓王羲之云：“汝是吾家佳子弟，当不减阮主簿裕。”阮裕曾隐居会稽剡县，“萧然无事，常内足于怀”，人以为“有肥遁之志”。（《世说新语》）史载其时“与王羲之及高阳许询、桑门支遁游处。出则渔弋山水，入则言咏属文，无处世意”。（房玄龄等《晋书》）他曾语人曰：“虽屡辞王命，非敢以为高也，吾少无宦情。”（凌迪知《万姓统谱》）曾“以（王）敦有不臣之迹，乃终日酣觞，以酒废职”。史载其曾有好车，借无不给。有人葬母意欲借而不敢言，其闻而叹曰：“吾有车而使人不敢借，何以车为，遂命焚之。”（《大清一统志》）阮裕焚车典故流传至今。在教育上，阮裕重视人的道德、品行，“尝以人不须广学，正应礼让为先。”

四、阮鹏

阮鹏，唐朝人，字图南。阮贾夫二十世孙。曾官御史台主簿、朝散郎、协律郎等职。少年英异，执卷事师若成人，识者谓“此儿他日必张阮氏门”。及长力学，秀出同侪。初任古田尉时，建寇叶依犯境，公广设方略，捕杀千余人。后辟为州司户，惩斗斛之弊，“权贵家米或杂以泥沙，必力去之”，民蒙其赐，以手加额，曰：“数十年来无此纳官。”唐僖宗广明元年（880），为避黄巢之难，弃官迁往兴化府，隐逸金沙，其地居民鲜少，石泉花坞，悠然自得，年九十五而终。据《八闽通志》载：阮公尚有其世孙南移至泉州府、漳州府等闽南三府及省内外各郡邑。阮鹏被后世尊为金沙阮氏始迁祖。阮鹏生二子，为阮宜耕、阮宜耘。宜耕重孙阮程同父亲阮沂迁莆阳阮巷。传数世以后，阮沂后裔阮日谊率家回迁钱屿，其兄阮日诚留居莆阳。宋宝庆年间（1225—1227），其后裔阮万里迁连江县清平里。（张天禄、方仁杰《福州姓氏志·阮姓》）据有关资料记载，龙华镇金建村溪仔店的古樟，系阮鹏所植（周益民等《仙游县志·第六篇林业》），古树至今仍枝叶茂盛，秀姿挺拔。《兴化金沙太始祖鹏公像述》云：“于时五季，中原混混，公明哲以保身，洵脱履之未晚，昌国翱翔，金沙绪统，徽嗣陈留，族开上阮，泉石夷犹。翛然意远，考槃也乃筮得嘉遁。”（阮文火、阮昌贵《中华阮姓通公谱》）

阮 鹏

阮鹏官连州，其地风俗尚“淫祠”，人多借神以威胁良善，百姓甚苦。阮鹏说：“惟神聪明正直，当福庇一方，然后血食无愧。奸民假威福为害而不之殛，谓之聪明正直乎？”于是悉撤不在祀典者，人服其刚正。族谱本传载：“（阮鹏）自奉清俭，自布衣至二千石，饮食服用不少变。公退之暇，不废读书，一日阅史，见崔瑗座右铭，三复不置，谓有补名教，作跋立石。”（《忠孝堂谱·志乘列传》）

五、阮沂

阮沂，五代时人，字守沂，号西山，曾任后周殿中侍御史，宋初致仕，与长子大理寺评事节度推官阮程还乡归隐。

陈洪进归顺宋廷，故吏皆补王官。阮沂念为后周旧臣，非洪进属吏，独不言功，不拜官，只加空秩为御史中丞。至于墓碣只书“侍御史阮公墓”，

阮 沂

意为不忘周，不仕宋。史载其由金沙卜迁莆城，后其地名更为阮巷，为阮氏莆田肇基祖。

六、阮遵

阮遵，北宋官员，仙游县人，宋庆历二年（1042）进士。曾任山南东道节度推官，转通直郎。（《八闽通志》卷五十三）广城东六十里为南海神祠，门左有达奚司空立像。一说司空为夷人，入中国因植波罗树，立化此处。古代海神庙周边人民皆称为“波罗庙”。阮遵记云：“菩提达磨与二弟由天竺入中国，达奚其季也。经过庙，款谒王，王留与共治，达奚不可，揖欲去，俄死座间，化为神。航海者或遇风波，呼司空辄有应云。”（叶权《贤博编》卷一）宋初，莆田阮氏蔚为巨族。《宋史》及明《兴化府志》等史料记载：阮遵子阮之才，宋神宗元丰八年（1085）特奏名进士，官承议郎、南雄知州；阮遵孙阮骏，宋哲宗绍圣元年（1094）登进士第；阮骏弟阮持，宋徽宗宣和三年（1121）特奏名进士；玄孙阮敷，南宋宁宗嘉定十年（1217）进士。阮诜，高宗绍兴五年（1135）特奏名；阮诜子阮处约，宋孝宗隆兴元年（1163）特奏名；后世阮琳，为明嘉靖十九年（1540）举人，官恩平知县；阮琳孙阮万钦，于明万历二十五年（1597）中举；阮衍宗，清康熙二十九年（1690）举人；阮炀，清乾隆四十八年（1783）举人。可谓“科甲蝉联”。

阮　遵

七、阮骏

阮骏（？—1126），北宋时人，字千里，莆田县人。幼年警悟，日诵数千言，凡平生雅见之书一过目而成诵。兵部侍郎许敦仁见而奇之曰：“他日张阮氏之门者，必此子也。”成童好学，弱冠工文，以诗礼擅名，与同辈处，崭然出头角，人以为天下奇才。（《忠孝堂阮氏族谱·宋进士朝议大夫河南少尹兼西京留守谥忠武阮公墓志铭》）宋绍圣元年（1094）进士，初历官罗源、建阳、南剑浦、潮阳等地，“凛然有能吏称”，“邑人以公清贫，争出己财为赙，公不受”。邑人思之，作歌诗称扬其德政。时刘韐、宗泽、孙昭远“交章论荐”，为官宦绩颇著。曾“监台州税。方腊犯台州，守委以防御事。骏率兵射贼，蹈死五百余人，贼亟引退。玺书褒奖，转朝散郎”。（弘治《兴化府志·忠义传》）又载其：“监台州，则有保疆破寇，收服城邑之功；守湖州，则有救荒剔蠹，移俸赡军之效。”（《忠孝堂阮氏族谱·五世朝议大夫忠武公传》）后迁朝奉大夫，除河南少尹兼西京留守。

阮　骏

建炎元年（1127），时“金人来寇”，阮骏与孙昭远率兵拒金人，拒战不利，后拥兵护神御殿（古代安放先朝帝王御容、牌位处所），以余兵再战，又败。于是“抱神御指贼大骂”，“声不绝口”（黄仲昭《八闽通志》卷七十二）终因战不利被害，时在建炎二年（1128）正月十四日。事闻朝廷，褒赠三官，进朝议大夫，并赐谥“忠武”，入乡贤祠春秋致祭。其性至孝，时移建州、罗源令，值丁忧二考，“号慕几绝，水浆不入口者累日”。（《宋进士朝议大夫河南少尹兼西京留守谥忠武阮公墓志铭》）

八、阮辂

阮辂，宋朝官员，莆田县人。宋徽宗崇宁二年（1103）特奏名进士，三年甲申特赐进士出身，“是岁建辟雍以待天下，每岁贡士试中者释褐，三试不中者归本贯外三岁乡贡，谓之大比。”（《八闽通志》卷五十三）阮辂所作有《黄颖传》云：元祐间，朝廷设经明行修科，郡以黄颖应诏。颖坚卧不起，所知或勉之，颖曰：“吾幸以恩免，倘有仕进意则就之，岂俟经行之举耶？”时天下弗就者裁二人，颖其一也。宋哲宗阅所举之籍，以不至者为问，御史中丞孙觉旧于广德知颖为详，因对曰：“若黄颖，臣实识之。”遂条其学行之醇懿。诏授以官，降袍笏，即其家赐之。（《八闽通志》卷八十七）

九、阮符

阮符（1095—1138），莆田县人，字信夫，“德器雍容”。善作文，尤好吟咏。宋宣和三年（1121）进士。曾任信丰簿、婺州观察推官、永福知县、宣教郎等职，“所至廉勤，皆有政绩”。婺州饥荒数年，阮符“按捐措置”赈济，全活者数万之众。《谱》载其为官莅事明敏，是非判然。卒于绍兴戊午年（1138）十月二十日，享年四十四。其一生行事可为后人榜样。逝世后，其妻朱氏教子，“尝从容训之曰：‘尔曹当知读书为人，无忝尔父。’”（《忠孝堂谱·六世宣教郎符公墓志》）

十、阮特

阮特，南宋时人，莆田县人，宋宣和三年（1121）进士（特奏名）。史载，连江人邑庠生陈以龙精草书、篆隶，尤善画葡萄。郡守阮特课士，以龙《风晴雨露葡萄》进，阮特加赏，后又为之题序，有“虚吾葡萄子昂马，画骏有声树有影”句。（乾隆《福州府志》卷六十三）

十一、阮砥

阮砥，南宋时人，莆田县人，阮鹏之从子，宋绍熙元年（1190）进士。阮砥志坚，宁折不屈。南宋景炎二年（1277）九月，元唆都以兵来攻。时阮砥年九十二，与三子避居厚道之园亭。十月城破，唆都屠城，房屋悉毁。“公不胜悲惋，焚香告天，戒子弟侄曰：‘吾家世为宋臣，受国厚恩，嗣后子孙有仕其国者，真不忠不孝之俦也。’言讫而逝。”（《忠孝堂谱》卷五）其子孙谨记祖训，克承先志，毋坠家声。其孙良玉应贤良方正之诏。其行事、品德为阮氏后人榜样。谱评价其人云：“昔鲁仲连宁蹈东海死而不帝秦，若公忠爱，志性岂不驾其上哉？”时人林廷纲有感阮氏事迹，曾云：“先公之志，君其知之矣。请以今日之言为先人传可乎？余既嘉良玉之贤，又幸得附乃祖忠贤之后，于是乎书。”（《忠孝堂谱·七世容州教授讳砥公圹志》）

十二、阮良孺

阮良孺，南宋时人，别号拙庵，田科文林郎砥公仲子。南宋嘉定庚辰（1220）特奏名。幼警敏，孩童时即能文，“每一篇出，人争传诵，与兄长孺公齐名一时”。（《忠孝堂谱·八世京学教授拙庵公纪略》）身虽远宦，未尝有一日忘水木本源。族中修谱，亲作始祖侍御公赡茔记，从任所处遥寄回乡，为族中定式。致仕后，编纂祖庭记一集，分类记载先代事迹。

十三、阮次膺

阮次膺，南宋时人，字汝龙，南宋宝祐丙辰（1256）进士，任长州牧，后擢知府。前任州守姓周，乘朝廷多事之秋，以吏缘为奸，百姓深受其害。阮次膺到任后，抚嘉百姓，痛革奸吏，属地大治。当地民歌曰：“昔日周使君，扫民持铁帚。今日阮使君，安民帷啖韭。田野遍桑麻，愿公天地久。”（《忠孝堂谱·十世安抚使廉公传》）及秩满民

阮次膺

诣阙奏留，上许之，特进二秩，仍理原职。咸淳五年（1269），元兵侵境，次膺守御之，朝廷褒进朝列大夫。七年，丁内艰离任，及行，“民扶老携幼，越境送之，号泣而别，如失父母”。九年，樊襄既失，因朝廷财赋合赖东南诸路，以次膺文武全才，起授广东西路经略安抚。

十四、阮敷

阮敷，南宋时人，一作阮孚，莆田人，字宽甫，号默轩，工词赋，系阮骏之元孙。幼失所怙，折节读书，少颖异于群儿，“弱冠游京师，应月书季考，始以明经进”。长以文学推重乡里，有声黉舍。后迁太学，“斋长辞前廊职，不就，擢绍兴”。南宋嘉定十年（1217）中进士，“补文林郎，授某州判官，丁内艰，不赴。服阙除，调容州教授”。（《忠孝堂谱·九世奉议郎默轩公纪略》）《八闽通志》载：“知福清县，与莆接壤，相去只有百余里，民最顽梗难治。公处以廉恕，与百姓甚相得，爱公如父母然。”其子孙恪遵先训，多忠义之士。

十五、阮宜孙

阮宜孙，南宋时人，莆田人，字光仲，号初庵，平生好学慕道，“至老不倦”。宋淳祐四年（1244）进士（特奏名）。阮氏入莆始祖阮沂十一世孙，世居龙门，为当地望族。“少慕圣贤性命之学”，师从复斋陈先生与瓜山潘先生，习晦翁之传。及二先生逝世后，乃筑东湖书院，祀陈、潘二先生，“请田于官”，春秋致祭，从无遗漏。理宗朝时，由特科授文林郎、京学教谕。后知福清县，“民俗顽梗难治，公处以廉恕”，深受百姓爱戴。景炎二年（1277）九月，元兵犯莆城，阮宜孙与其次子宗庆、三子宗祥避居黄石厚道园亭，为厚道三房初祖。（《莆田市姓氏志》）致仕后，致力于阮氏谱牒修纂，以扬先德。

十六、阮宗祐

阮宗祐，南宋时人，字允笃，宋京学教谕阮初庵长子。阮宗祐性至孝，又忠君爱国。南宋景炎二年（1277）时，元唆都率兵攻城，宗祐和弟宗庆、宗祥携父阮砥避居黄石厚道。后城破被屠，阮砥悲恸，扶病焚香告天，告诫三子“吾家世受国恩，不可仕元”。后逝世。宗祐因此以服阕为由，拒绝入仕。后经文天祥劝说，入宋廷为官，并上政要六条，得皇帝赏识采纳。“公至，任内均徭赋，公私咸便，外严守备，寇盗不侵”。（《忠孝堂谱·十二世宣教郎宗祐公纪略》）后因病卒于任上，“讣闻于朝，帝跌足叹曰：‘东南锁钥决矣！’”特赠光禄大夫。

十七、阮杰

阮杰，南宋时人，莆田县人，宋嘉定十六年（1223）进士（特奏名），其余事迹不详。《宁国府志·艺文志》收录《阮翁桥碑记》一篇。是桥“屡修屡坏，民甚苦之”，新安阮辉、阮杰奋然自任修桥职责。是役“始于己未之五月，毕于辛酉之四月，总会其费以两计二千五百有奇”。阮氏捐千金以兴此役，得到知府刘廷瓒赞赏：“闻郡之士大夫，称辉父永昂、杰父永聪皆以忠厚世其家，他日新安之士接迹而起者，必阮氏之后人也。”

十八、阮良玉

阮良玉，元朝人，字彦珍，号敬斋，莆田县人，阮砥之孙。“家学有源，以圣贤为己任”。《忠孝堂谱》载“其所自立，多不囿于俗”，谨遵祖训，不仕元。洪武六年（1374），应贤良方正之诏，初授兴化府儒学训导，职在帮助教授教诲所属生徒。时“与诸生讲明陈、潘二先生之学”，学者翕然归之。后经兴化府学荐辟，擢国子助教，协助国子祭酒和国子博士教授生徒。在任期间，“申讲周、程、张、朱之旨，教人之心，亹亹不倦。一时士习丕变”。然晚年无子。致仕后，居家治学，著述颇多。（《忠孝堂谱·十五世国子助教敬斋公纪略》）

阮弥之后裔莆田地区宋代特奏名进士选录

1. 阮之才（生卒年不详），莆田县人，阮遵之子。宋神宗元丰八年（1085）特奏名进士，历官承议郎，宝祐年间任南雄州知州。

2. 阮校（生卒年不详），莆田县人。宋徽宗政和二年（1112）特奏名。

3. 阮晞（生卒年不详），莆田县人。宋徽宗政和二年（1112）特奏名。

4. 阮中（生卒年不详），莆田县人。宋徽宗政和二年（1112）特奏名，历官朝奉郎、南恩知州。

5. 阮时发（生卒年不详），莆田县人。宋徽宗政和二年（1112）特奏名。

6. 阮诜（生卒年不详），莆田县人，阮遵之后。南宋高宗绍兴五年（1135）特奏名。

7. 阮处约（生卒年不详），莆田县人，阮侁（诜）之子。南宋孝宗隆兴元年（1163）特奏名。

8. 阮初（生卒年不详），莆田县人，阮符之子。南宋光宗绍熙元年（1190）特奏名。

9. 阮秀（生卒年不详），莆田县人，阮朋之从子。南宋光宗绍熙元年（1190）特奏名。

10. 阮頔（生卒年不详），莆田县人，阮明之子。南宋宁宗庆元二年（1196）特奏名。

11. 阮端叔（生卒年不详），莆田县人，阮中之曾孙。南宋宁宗嘉泰二年（1202）特奏名，曾任韶州司法。

（据《八闽通志》《福建通志》《莆阳进士录》等书整理）

第二节　明清

一、阮韬

阮韬，明朝人，字文英，号梅岩，又号石崖，以号行，仙游县人。明成化丁酉（1477）领乡荐，授南雄推官。阮石崖至，“雪淹滞之狱，纠积恶之豪，监司以为赵广汉复出”。后因丁母丧归，及服阕，赴任饶县。时有军民争田，赴京申诉，朝廷委石崖查案，有当地豪族，欲以田贿赂石崖，石崖拒绝。后改调瑞州推官，“瑞之豪更多于饶，公下车，皆望风敛迹”。晚年致仕，归乌山旧隐，淡泊世味，垂钓于苏溪旁。（《忠孝堂谱·十六世节推梅岩公传》）

二、阮鑑

阮鑑，明朝人，字景昭，号翠峦，泸溪令介轩从侄。登明弘治戊午（1498）乡荐，授江西广信府教授。“以淑人心、正文体为己任”，所任之处，士风大振。性警敏，喜读书，经史及稗官杂记无不翻阅；善属文，“娴于词而畅于诗”，常于酒后作长篇诗，时人称其有唐李翰林风。有五七言、长短歌行数十首传世。（《忠孝堂谱·十七世郡博翠峦公纪略》）

三、阮琅

阮琅，明朝人，字则勉，号乐稼，承事郎福安十五世孙。“少猎经史，长游黉序”。其祖上明初时为粮长，因粮务有失，发配潘阳中卫军，三代相继顶补，皆没于卫。至阮琅时，以幼丁免补。因同邑郑东周为司徒，疏请于朝，军籍改还兴化卫。“慨然有亢宗之志”，将宗祠从金沙迁出，以受龙气，又加修葺，规模宏壮。金沙阮氏在阮琅公后振兴，其子孙以耕读世其业，游于庠，贡于雍者，不下十余辈，可谓“中兴之祖”。（《忠孝堂谱·十七世修职郎乐稼公纪略》）

四、阮有年

阮有年，明朝人，号雪渠，宋朝议大夫忠武之裔。曾任曲江教谕，其门人评价说：“先生道谊文章皆堪不朽，教诲一节，坐人春风中，不觉与之俱化。”性友善，待人和睦，不偏不倚。为德安知府黄腾春业师。腾春少时家贫，不为人所重视，后得阮有年赏识，收为弟子，传授学术，才得以入仕、治学。可见有年之为人。曾赠黄腾春一联曰：“仁让风薰茅舍暖；教修日丽竹编春。”（《忠孝堂谱·十八世曲江司训雪渠公传》）

五、阮琳

阮琳（1475—？），一作阮玉琳，莆田人，字廷佩，号晶山。南宋忠义河南少尹阮骏十五世孙，明成化十一年（1475）生。嘉靖十九年（1540），兴化府学贡，乡试举人。天顺中式，尝官金溪教谕，为诸生讲明正学，官授恩平县知县。时恩平“素猂难治，且僻处遐陬，盗贼渊薮”。阮琳亲自招抚盗贼，乱遂平。又“勤抚字，兴学校，文学吏治一时推奖”。（《闽中理学渊源考》）归时“士民老稚遮道哭留，攀辕卧辙，数百里外”。其晚年“一意以卫道著书、诱奖后生为任”。在学术上多有建树，著有《经书讲义》《性理仪礼》《律历注解》《图书纪愚》诸集，其中《图书纪愚》一书，可上接濂洛关闽之统绪，阐述前人旧说所未发明者，最为精粹。（《忠孝堂谱》）

六、阮莹

阮莹，明朝莆田人，字用介，曾任恩平令。性孝友，于阮氏家族贡献颇大。先是，其父阮琳所著《图书纪愚》《经书讲义》《性理仪礼》《律历注解》诸书，未刊行。阮莹不忍其父学术成就湮没，独力出重金，将诸书出版，公之于世。后因万历壬戌倭变，厚道阮氏宗堂被毁，族人星散，阮莹捐资修整宗祠，又妥善经营祖坟墓地，以培风水。其父所修家谱也遭毁坏，多有遗失，阮莹与伯兄尽全力重修，并将莆仙族人所收藏资料尽数编辑入谱。今“阮氏子姓得瞻拜祠墓、考世系、知源流者，皆公力也”。（《忠孝堂谱·二十世儒官郡大宾波石公纪略》）

七、阮万钦

阮万钦（？—1654），莆田县人，字尔训（一字翼之），号惺初，阮琳孙。明万历二十五年（1597），兴化府学贡，乡试考取举人，授浙江瑞安教谕。自幼端直诚悫，博学多才。《忠孝堂谱》载有《二十二世陵水令惺初公纪》。据记载，阮万钦在潮州为官时，黎岐出没为害，于是亲力抚缉，将自己俸禄用来置办装备，以供百姓防御贼兵，并通过恩威并施平定叛乱。后官陵水县知县，以孝养太母为由掷经归田。又购得湖南一区培植柳树，“日与大中丞林公贽及水南耆英流连诗酒，不预外事，人咸谓陶公再世”。顺治十一年（1654）卒。后人评价其“明则为人，幽则为神，是浩然之气独存宇宙内也”。（《忠孝堂谱·二十二世陵水令惺初公纪》）

八、阮时懋

阮时懋，明朝人，字勉夫，晋安区前屿村人。为官“勤事爱民，推心部卒”。明成化二十二年（1486）举人，授训导，擢庆远府宜山县知县，任上“锄强发奸，人称铁阮”。（郑祖庚《侯官县乡土志》）后转庆远府通判。时社会“苦洞夷出掠”，郡人闻时懋至，咸曰：“是铁宜山也，无患贼矣。”时懋夙夜在公，施设方略以守御，又建议筑造四关土垣，以资捍卫。庆远遂得安定，人民思慕感戴，“保障之功，至今赖之”。（万历《福州府志》）后调升思明同知，未上任病卒。

九、阮升基

阮升基，清朝人，字亨举，号昉岩，罗源县人。乾隆五十五年（1790）

进士。一生历任宜兴、吴江、武进等地知县，扬州、常州同知，所至均有政声。为官“接士以礼，抚民以宽，治狱平恕”。（《宜兴县志》）宜兴多望族，县试送礼托情者不乏其人，升基严然拒绝，坚持凭文去取，深得士民赞扬。有杨某苛虐仆人至死，并买通县役，欲掩盖事实。阮升基密禀按察使，重验尸身，终于水落石出，百姓称快。任上还增补县志、修葺亭宇、倡修桥梁、振兴书院。嘉庆四年（1799），都宪熊枚以其“卓绝才能”予以保举，适逢母逝守孝，“服满”，就任广东从化。（《罗源县志·人物传》）不久病卒，享年53岁。

第三节　现当代

一、阮家金

阮家金（1904—1986），福州晋安区前屿村人，一生热心社会公共福利事业。曾组织抗日救亡团体，为抗日战争的胜利作出重要贡献。民国八年（1919），阮家金远赴印度尼西亚，时年15岁。先在泗水、雅加达、井里汶等地谋生，多年艰苦创业。后创办重庆大酒家和葡萄金银珠宝公司，被推为万隆市福州公会主席。抗日战争时期，阮家金在华侨中带头捐献巨资回国支援抗日，捐资购买大批药品，转送到延安，支援八路军的抗日战争。延安时期，八路军总司令朱德在党内兼任侨务领导工作，接到阮家金这笔海外侨胞的捐款和药品后，非常感动，题词“教子有方”赠给阮家金的母亲魏太夫人。1947年，阮母魏太夫人逝世，时任中国人民解放军总司令朱德闻讯，亲笔题词致哀：“伟哉阮母，德被异土，宝婺虽殒，范式千古。”同时彭德怀副总司令也题词“彤管昭然”，赞颂魏太夫人教子有方及阮家金爱国爱乡、为抗战捐款捐物的义举。

阮家金

二、阮宝光

阮宝光（1925—2001），福州人，中国木雕大师，曾获福州市“一等艺人”称号。1936年，进入福建省立实验区工读学校，拜在著名雕刻艺人柯经煊门下学艺。年幼显露出过人的艺术天分，在师兄弟中脱颖而出，深得师长喜爱。新中国成立后，阮宝光积极投身木雕艺术创作。1954年，进入中央美术学院华东分院民间艺人进修班学习；1956年调入福州木雕厂，1957年其黄杨木雕作品《帮助小同学》《海防前哨》入选福建省首届工艺美术展览会，分获一、二等奖。1960年调入福州市工艺美术研究所；1979年调任福州市雕刻总厂研究所副所长、高级工艺美术师；1982年，作品《巫山神女》获轻工部全国木雕作品百花奖评比优质产品奖；1986年退休。

三、阮东师

阮东师（1933—2010），福州晋安区鼓山镇前屿村人，是福建省福州鸣鹤拳主要传人和代表性传承人物。1925年，“白鹤”与“罗汉”名家谢宗祥（人称如师）在前屿村阮家设馆收徒。阮东师自幼喜爱武术，8岁随其父阮传水习练鸣鹤拳，后又得到同乡阮宝政指点，后与乡邻黄性贤同往新店东浦园村，从麻伙（原名陈世鼎，如师高徒）继续学习鸣鹤拳，阮东师原本功底深厚，苦练数年，尽得鸣鹤拳精髓。

四、阮文火

阮文火（1922—2007），福州晋安区鼓山镇前屿村人，阮弥之第六十世孙。少年时家贫如洗，8岁至11岁入本村私塾，12岁至17岁在本村忠惠阮公祠内开设的工读学校学习雕刻工艺，师从著名雕刻艺术前辈柯经煊，学艺6年。1952年担任乡供销社理事会主任。

阮文火对忠惠阮公祠怀有特殊的感情。1982年，阮文火年满60岁，从工作岗位退休，广泛联系海外“三胞”，共同策划修复阮公祠。前屿成立阮公祠宗亲理事会，推选阮文火为第一届宗亲理事会理事长。他带领理事会一班人，费尽心力，联系侨、台、港三胞以及在闽阮氏宗亲，广泛动员募捐，为阮公祠的重建、修复做出了贡献。此外，还致力于探索阮氏家族历史源流和发展脉络研究，直到病逝。阮文火自掏腰包，跑遍十多个省、市、自治区，考证阮氏的起源与迁徙。

阮文火与阮大发画像

每到一地，他都走村入户，开展田野调查，留下数十万字调研笔记，并帮助各地解决修谱中的问题。他的执着和敬业精神，令阮氏宗亲感动。2019 年，特邀主编林世榕编成 20 万字《福州前屿阮氏宗谱》，其主要内容都是阮文火生前留下的资料，没有他所存留的资料和研究成果，宗谱就无法编就。2014 年 7 月，由光明日报出版社出版的《中华阮氏》一书，涉及福建阮弥之及昌国族系的内容，基本上采用了阮文火的调研材料。

附：阮氏历史名人选介

一、阮髡

阮髡，殷商之际方国诸侯，阮姓始祖。阮髡为皋陶裔孙。关于“阮髡”之名，有人认为“髡”是远古一种刑罚，将人头发全部或部分剃掉，是一种耻辱刑，主要流行于夏商周到东汉。《通志·氏族略》记载“阮氏，商之诸侯，国在岐渭之间”。阮髡因有功于商朝，封西都伯侯，封邑在平凉岐渭之间，即今甘肃平凉市泾川县境的南半部，大致以今泾川县城关镇共池村为中心，北界在泾河之北，西境可达崇信县之东。（王学理《阮国·阮姓·阮人——对阮国史迹追踪的确认与补正》）阮髡不忘世袭封邑，以姓为国，建立阮国。商末，阮髡之后阮僖弃国而居。阮国被周吞并后，阮僖之子被武王任为大夫，仍封邑于阮，子孙以国为姓。

阮姓经历了“以姓为国”到“以国为姓”的过程，这是阮姓的独特之处。

二、阮肥子

阮肥子，西周末阮国大夫，泾川阮僖第十五代孙。西周末季政治昏暗，社会动荡，周幽王被犬戎杀死后，戎人势力炽盛，关、陇地区成了戎人的天下，周平王遂东迁雒邑。一向臣服于周的阮国因邻近秦国而成为秦国附庸，阮国大夫阮肥子誓不侍秦，而阮氏族群为避开争斗的锋芒，也开始了大迁徙。阮肥子带领阮族之主阮流与族人一道弃邑而走，从西北泾川流向得姓之地河南，又朝东到达陈留尉氏县隐逸（今河南开封市东南陈留城）。（王学理《阮国·阮姓·阮人——对阮国史迹追踪的确认与补正》）春秋战国时期，阮肥子后裔数百年不参政。后阮氏在陈留日渐壮大，汉时成了声名显赫的望族，因此阮氏后人就把本族堂号定为“陈留堂”。（阮孝文《天下阮姓根在尉氏》）

三、阮严

阮严，唐朝人，字国威，行阮三，阮家洞肇基始祖。唐咸通进士，后任荆南节度判官、光禄大夫、太子太傅。据福州阮氏宗亲会相关资料记载：“阮家洞肇基始祖严公，号阮三，于乾化二年（912）保皇眷入闽直接定居阮家洞。”唐天佑四年（907）朱温篡位后，唐岳王南下入闽避祸，姓阮和姓刘的两位国师随岳王来到周宁，岳王定居礼门仕本村，阮国师定居邻近的阮家洞。因此，每年李氏迎祖从阮家洞村经过时，阮姓都要在村口摆供品迎接。阮严第三子阮能，曾为唐朝节度使，阮能七子领唐军加入王潮、王审知队伍，由南康入汀州，克漳浦，占泉州，过兴化，于唐景福三年（893）抵福州。

四、阮大成

阮大成，宋朝人，字希圣，号献斋，福建宁德五都漳湾人。北宋政和二年（1112）以三舍升国学。靖康元年（1127），金人犯阙，白时中、李邦彦、张邦昌等乘势用事。面对奸佞误国、忠良遭斥，阮大成与陈东等人异常愤慨，遂率太学生伏阙上书，言“李纲奋勇不顾，以身任天下之重，所谓社稷之臣也”。（《八闽通志》卷七十二）认为朝廷应“明纲无罪”，“乞速复用”。又痛斥李邦彦、白时中等窃权卖国，要求“明正其罪”以罢之。（《大清一统志》）此时，汴京市民闻李纲被罢黜，和议再起，又见阮大成等太学生伏阙上书，“军民不期而集者达数十万，呼声动地”，钦宗恐生激变，终采纳太学生建议，“泣命”李纲复职。（《宋史》卷三百五十八）阮大成则充京城防御使。李纲被重新起用后，鼓励将士奋勇杀敌，迫使金兵撤退。南宋建炎年间（1127—1130），阮大成应邀为韩世忠幕僚，韩世忠对他十分器重，“深加敬礼”。数年后，阮大成思乡心切，辞别韩世忠归里。绍兴二年（1132），韩世忠出任福建、江西、荆湖宣抚副使，率师三万水陆并进，入闽镇压建州范汝为农民军，途经宁德，造庐拜访阮大成。当时大军过境，沿途各郡县均须供给军饷，唯宁德因阮大成是世忠知交之故而获免。宁德知县赵诜之赠钱五百缗以谢，阮大成坚辞不受。回乡后，他关注桑梓教育，在漳湾建造颇具规模的书院，延师授业，课艺莘莘学子。其教泽沾溉闾里，乡人有口皆碑。阮大成卒后，邑人于绍兴六年在宁德漳湾建祠纪念。（《八闽通志》卷六十）

五、阮登炳

阮登炳（1219—1300），小名仪孙，字显之，号菊存居士、石坡，祖籍宁德漳湾。南宋咸淳元年（1265）乙丑科状元。漳湾阮氏是宋代宁德的世家大族，阮登炳为阮大成裔孙。南宋宁宗嘉定十六年（1223），其父阮简任平江府司户，遂家焉。（《福宁州志》）一说“其先由闽徙吴，曾祖简，迪功郎，浙东安抚司干官，祖大遇，承信郎，都督府干官，父諴，赠朝奉郎”。（《姑苏志》）阮登炳深受家族影响，从小通读经典，博览群书。青年时期的阮登炳曾师于洞庭西山名儒俞琰帐下，深得真传。咸淳元年（1265），阮登炳免上南宫，考中会元；秋七月癸亥，“以谅阴，命宰执类试”，赐阮登炳状元及第。（《宋史》卷四十六）一时名噪天下，苏州士子引以为荣。郡守陈均还在府城南星桥西，为阮登炳建造状元坊，由淳祐四年（1244）状元留梦炎题榜。他的殿试卷《周礼春秋表里如何论》被广为传抄，并被时人魏天应编入《论学绳尺》。

阮登炳中状元后，被授为绍兴府签判。咸淳四年（1268），以签书镇东军节度判官厅公事兼福王府教授。（《南宋馆阁录》）后迁承议郎、秘书省正字，再迁秘书郎。因论“公田法”抗言迕众，极言贾似道专权，斥为宫观，谪任云台观提举。（《福建通志》）阮登炳心中愤慨，归隐乡里，仿效陶渊明栽花种菊，取号“菊存居士”，以表自己高洁傲霜之志。（民国《吴县志》卷六十七）两年后复起为建宁府添差通判，入为秘书省校书郎，历著作郎、秘书监丞，权少监，后升为秘书监官，官至朝请郎。（《姑苏志》）德祐二年（1276），元军围困临安城，恭帝赵㬎率朝臣投降。阮登炳随例入燕，亦为降臣，后乞请回乡养病，获准。卒于江苏吴县，享年 82 岁。（《姑苏志》）

六、阮世隆

阮世隆，元朝人，阮肇五十八世孙，系能公二十七世孙。生于古田县大甲，元至正间（1341—1368）以书经中，任罗源县尹。时酋夷攻闽城，军民绝储，总管陈友定密书求救。阮世隆奋前截竹埋沙填塞战道，振金鸣角以破之，不日余氛净荡，百姓安妥，寻拜福州路都元帅。筑城垣，修省台，尽力于所当为。后授奉直大夫江浙等处行枢密院判官，开洪沟而注东海，决夹湖而澄九曲。（《邹陵志》）在福州任通守时，阮世隆捐建浦边福成大桥（石碑尚在），又稍节俸入，与监守僚佐咸协心相事，重修福州路，曾不逾月，工以告成。（万历《福州府志》）元末，农民起义，群雄纷争。阮世隆领福建军民安居乐业，偏安闽邑。及至朱元璋大明一统，献地而归，隐居连江，授枢密使加参知政事。（阮以敏《探古兴庆寺》）

古田县大甲镇有兴庆寺，始建于唐咸通年间，阮世隆任罗源县尹期间，为兴庆寺捐修两条石阶，留存至今，右刻“福州路罗源县尹阮世隆舍阶祈家眷平安者”，左刻“至正十七年丁酉八月四日住当山沙门崇懋志”。明代诗人何景明诗《怀旧吟赠阮世隆》：“君家高楼对芳树，开宴曾留三日住。铜盘绛蜡暖照春，金壶银漏寒催曙。知君重义多豪游，满门宾客为我留。珊瑚不避铁如意，骅骝皆缠金络头。尔时北上与君别，蔡州城外花如雪。梦里犹寻汝上云，醉中却忆淮西月。丈夫富贵各有因，如君立身亦不群。行年四十未白发，生儿十八期青云。君从秋日遥分手，我向东风一回首。山下长搴旧薜萝，楼前应长春杨柳。”（《皇明诗选》）桐江许天赐赞曰：“将相之才，金玉之器。大府承流，雄藩总制。功盖当时，泽贻后世。堂启巍巍，森然松桂。”

七、阮山

阮山（1888—1934），曾用名阮德宽、阮守南，永定县湖雷镇上南村人。阮山家境贫寒，少时靠亲友资助上学。早年就读于福州法政大学，毕业后期望以教育救国，回乡创办毓秀学堂，自任校长。五四运动爆发后，开始大量阅读马克思主义的书籍，写下“三十四年一梦消，千秋业绩尚萍飘，劳工若得展眉日，抛书洒血赛封候”，抒发献身劳苦大众的解放事业和不惜流血牺牲的豪情壮志。

1923年去广州，开始接受革命思想。1926年加入中国共产党，是中共厦门党组织的创始人之一。同年受广东区委指派，回到永定县与林心尧等人一起组建福建省第一个农村党支部——中共永定支部，阮山担任支部书记，以“毓秀学堂”为活动基地，举办平民夜校。阮山结合当时的革命斗争形势，利用群众喜闻乐见的民间文学形式，创作和改编了如《救穷歌》《土豪恶》《军阀的罪恶》《耕田苦》等大量具有鲜明阶级性和战斗性的山歌。这些山歌通俗易懂，在中央苏区被广泛传唱，是当时阶级教育的启蒙教材，阮山被赞为闽西的“山歌部长”。

（安徽省委党史研究院《阮山与中央苏区红色歌谣》）

1927年国民党发动反革命政变后，阮山等人转入地下斗争。1928年，阮山与张鼎丞、卢肇西等人领导了震撼八闽的“永定暴动”，组建当地第一支游击队。1929年红四军入闽后，阮山任湖雷乡革命委员会主席，后任永定县苏维埃政府主席，领导全县人民进行土地革命、武装斗争和经济文化建设，取得了很大成绩。

1930年，筹建中国苏区第一个银行（闽西工农银行），任银行行长。在艰难困苦的情况下，阮山领导工农银行调查金融，发行纸币，保存现金，收购金银，发展社会经济和实行低利借贷，与敌人展开经济斗争。还组织协助发展对外贸易，把根据地的土特产运到白区出售，购进药品、布匹、食盐等必需品，同时鼓励和组织商人在苏区和白区之间进行正当交易。银行建立的一整套制度，对各根据地开办工农银行有推动和指导的意义，也为后来创办国家总银行奠定了基础，积累了经验。1932年调中央革命根据地工作，任中华苏维埃中央临时政府教育部秘书长、社会教育局局长，致力于中央苏区文化教育事业。1934年中央红军主力长征后，奉命留在苏区坚持斗争。同年冬被叛徒杀害，牺牲于长汀四都谢坊乡。（《红土骄子》）新中国成立后，被追认为革命烈士。

八、阮吴近

阮吴近（1913—1936），原名阮国藩，又名吴润，字明介，出生于福建省周墩县（今周宁县）玛坑乡东坑村的贫苦农家。1934年参加革命，加入中国工农红军安德县游击第一支队，受命回乡发动群众，建立革命团体。1935年加入中国共产党，组建周墩第五区游击队。

1936年阮吴近率部编入闽东红军独立师，任该师第三纵队第二支队队长，参加闽东苏区三年游击战争，以骁勇善战闻名闽东。是年9月，闽东红军领导人阮英平率独立师第三纵队从罗源转战宁德，在虎贝东源村一带被敌包围。红军在向百丈岩方向转移时，敌军已抢先占领岩顶。

在这危急时刻，阮吴近率支队 20 多名战士冒着弹雨向岩顶猛冲，抢占主峰掩护主力突围。终因敌众我寡，阮吴近与八名战士被敌军包围在百丈岩主峰悬崖边上。面对着步步进逼的敌军，阮吴近和战友们高呼“红军万岁”，毅然纵身跳下百丈悬崖，壮烈牺牲。

九、阮英平

阮英平（1913—1948），乳名兰茹，又名阮玉斋，福建省福安县（现福安市）下白石乡顶头村人。早年当过木匠，后结识共产党员陈洪妹，1932 年加入中国共产党，在下白石、甘棠等地发动群众、组织秘密农会，开展“五抗”斗争。1933 年参加曾志、任铁锋等领导的“甘棠暴动”。后福安南区苏维埃政府成立，阮英平被选为军事委员。1934 年任中共宁德县委书记兼县独立营政治委员，后兼任中共闽东特委委员，带领南区游击队协同红军作战。中共红军主力长征后，奉命留下坚持斗争，保存了革命火种。1935 年闽东特委恢复，阮英平任组织部长、闽东军政委员会副主席。年底特委决定成立闽东军分区（独立师），阮英平任司令员，组织和领导了闽东苏区三年游击战争。

抗日战争爆发后，任闽东抗日军政委员会副主席兼参谋长。1938 年，闽东红军改编为新四军第三支队第六团，阮英平离开闽东奔赴抗日前线，任六团副团长，驰骋大江南北，屡建战功。抗战后期积劳成疾，不顾病痛折磨，以顽强的毅力坚持工作。解放战争开始后，任华东野战军第一纵队第一师政委，参加苏中战役。1947 年奉命回到福建，担任闽浙赣区党委常委兼军事部长，闽东地委书记。同年 7 月到任后，组织和领导闽东地区的革命斗争，在很短的时间内异军突起，声威大震，引起国民党当局的极大恐慌。后国民党调集重兵“围剿”闽东革命根据地。为了粉碎敌人的“驻剿”，阮英平决定把队伍化整为零突出重围，部队分头撤往罗源等地活动。

1948 年，留在宁德坚持活动的阮英平及其部队由于叛徒出卖，被敌保安团包围。阮英平和警卫员突出重围，准备赴省委汇报工作，在前往福州的途中，因歹徒范起洪等三人谋财害命而遭受偷袭，在宁德大寓村壮烈牺牲。叶飞同志评价他："英平同志是忠诚的共产主义战士，我军优秀的指挥员，英平同志盛年早逝，我痛失挚友，闽东人民失去了一个杰出的儿子。烈士英名永远留在人民心里。"

十、阮朝兴

阮朝兴（1918—1945），原名阮为椿，乳名奶荣，福建省周宁县咸村镇下坎村人，生于贫苦农民家里。1933 年参加中国工农红军，受到革命思想的熏陶加入中国共产党。1935 年，受委派经常秘密回到家乡开展革命宣传活动，参加四区游击队。1936 年游击队被编入中国工农红军闽东独立师第三纵队，阮朝兴担任班长，参加过著名的葡萄洋、龙亭、七步洋头等战斗。抗日战争爆发后，阮朝兴调新四军第三支队第六团工作，历任战士、班长、排长、连长、营长等职，参加了开辟茅山游击根据地、挺进苏南的多次战斗。1938 年阮朝兴奉命北上抗日，此后随军四处征战，再也没有踏上故土。北渡长江到达苏中地区后，又参加了郭村、姜堰、黄桥、丰利镇决战、讨伐伪军李长江部和粉碎日军"扫荡"等许多重大战役。1941 年，阮朝兴担任如泰警卫团三营营长，参加丰利战役。1943 年，受组织委派到抗日军政大学第九分校学习，后调任苏中军区泰州独立团团长。

1945 年，泰县、泰兴两独立团合并整编为新四军苏中军区独立旅十四团，升为主力部队，阮朝兴任副团长兼参谋长。亲自指挥部队攻打黄桥镇，取得了对日伪反攻以来的第一个大胜利，为苏北的抗战大局作出了贡献。同年，在消灭泰州日军的战斗中左胸中弹，身负重伤。由于伤势过重，在送后方医院途中不幸牺牲。1990 年，全国人大常委会副委员长彭冲题写了"阮朝兴革命烈士纪念碑"。2015 年，阮朝兴入选民政部"第二批著名抗日英烈和英雄群体名录"。

十一、阮文炳

阮文炳（1916—2008），永定县湖雷镇上南村人，从小和母亲相依为命。1926 年阮山任上南村党支部书记，在其影响和教育下，阮文炳于 1929 年参加儿童团，1934 年开始参加革命。1935 年参加红军，多次参与攻打反动民团的战斗。1938 年加入中国共产党，任新四军二支队班长，北上抗日到达安徽新四军军部。抗日战争时期，历任新四军排长、连长、营长，华东野战军七纵团参谋长、副团长、团长。解放战争期间，参加了孟良崮、兖州、淮海、渡江、上海和解放福建等战役。在渡江战役中，阮文炳主动担任第一梯队突击营的指挥员，率部队首先在繁昌滩头上岸，切断国民党军的退路，从而配合大部队取得全歼该国民党军的重大胜利。1949 年，根据党中央解放福建的指示，阮文炳随华东随军服务团南下，保卫和打前站的工作，最后到达福州。新中国成立后，率 87 师 259 团回闽西剿匪。1952 年阮文炳参加抗美援朝，任志愿军三兵团六十军一八一师团长。1953 年回国后，任公安 13 师副师长兼参谋长。1955 年初，到福建晋江军分区任参谋长，分管海防民兵工作，参加了 1958 年对金门的“8·23 炮战”。1962 年他受命主建三明军分区，任三明军分区第一任司令员。1969 年，阮文炳在福建省军区司令部任副参谋长，长期从事海防工作，1980 年被任命为福建省军区副军职顾问。他还担任过福建省第四届政协委员，多次带领其他委员到老区考察，积极发挥政协委员的作用。20 世纪 70 年代末，他参加了五老复查及补漏工作，以及尽力做好拨乱反正的工作。

在戎马生涯中，阮文炳获得了许多荣誉，1953 年荣获朝鲜国旗勋章，1955 年被授予上校军衔，1957 年荣获中华人民共和国三级八一勋章，三级独立勋章，二级解放勋章，1988 年荣获二级红星功勋勋章，以及淮海和渡江战役纪念章，1988 年离职休养。离休后，阮文炳积极参加社会活动，担任了福建省新四军研究会副会长、南下服务团团史研究会顾问、省客家联谊会顾问、闽粤赣研究会顾问等职，以及担任了省闽西老区促进会副会长，在关心老区建设上做了大量工作。2008年，因病在福州去世。

第六章

谱序匾联

福建地区建祠修谱之风兴盛，主要源于家族发展的需要。各个家族为了发展，历经艰辛，团结族人创建祠堂，也为了子孙后代不忘先人，不忘自己所自来，一代接一代编修族谱家乘，以保存木本水源的记忆。族谱记载家族源流、迁徙开基历程、世系传承、先贤功德、名人事迹等，体现“慎终追远”的儒家思想。也记载修谱缘由、修谱经过、家族世系传承及训诫规约等，拜祭先祖活动及其祝文等，均为表达对祖先的崇敬，旨在敦宗睦族。

第一节 谱序

谱序是族谱不可缺少的内容，有的是本族人写序，有的邀请外族人写序及题跋。族谱序跋的内容一般包含修谱缘由、修谱经过、家族渊源及对该谱的评价与对谱牒作用的希冀等。随着族谱纂修次数增多，序跋也相应增多，体现谱牒内容的延续与家族对修谱的重视。

一、福州前屿阮氏族谱谱序

（一）闽都太始公弥之家谱序

天壤大伦曰君曰亲，人生大节曰忠曰孝，前朝运甓靖国臣也，休征、双鲤克家子也。余膺简命，郡守命昌国。二弟仁之、永之督诸子田、渔、贾、凿，无非恪守忠孝二字。回思闽俗之陋，礼义未闻，三山之秀，学校是亟，卜地于山之东峰曰定远，择吉于于山之西岩称乌石，计地三十余亩，购室二十余房，延师讲学，宣仁广义。不数年，而风俗丕变，家礼乐而户诗书，私幸民俗少移，得报国恩于万一。无如黑衣充位，五臣秉轴，白面是谋，长城自坏，翘首思清君侧，而事权弗徙，就一方以称职，无覆饴之讥。长子田夫前言曰："大人籍系江左，镇抚闽疆，固知公尔忘家，但念忠以定国，孝兼裕子孙万年绵绵，当计闽东有屿，拖山带水，是其居也，亲仁义序，须明伦躬，士农工贾当裕后昆。"

余是言，即以此为家训，而序简于简端。

——《福州阮氏宗谱》

（二）前屿阮氏族谱序

国史之兴，家乘异者，史则有资法戒，显垂褒贬，所以示天下万世之公乘，则备纪世次，无所是非，所以申尊祖敬宗之志，其贤焉者，不独为家乘之所特重，当亦为国史所不遗，其他附名于家承，继继绳绳，浑然无所疑议者，类能克守先德，以似以续，不陨厥世者也。且夫国史之取义无穷，其大彰明较著，莫若亲亲贤贤贵贵，先王赖以为摩世砺钝之具，而天下万世风俗之美、人心之正，悉本于斯，史之所系亦大矣。家乘虽小，其于亲亲贤贤贵贵之义无不包举，将使后人有所观而兴起，浸成风俗，人心之美，自一乡一邑，推之郡国天下，无不皆然，家乘之用顾与国史异哉？

吾闽东野归善里有钟山者，旧名阮塘，即今之前屿乡，其为阮氏聚族于斯久矣。考旧谱所载，阮氏先为江左望族，迨刘宋元嘉间，有为晋安郡太守谥忠惠者，为阮氏入闽之始，即所谓“闽瓯师表”，先李、常二公，以劝学明农化荒裔者也。自是以来，历六朝、隋唐、五季，延及宋元明，代有传人，往往以节行文章显于世，信乎忠惠之遗泽未湮，宜其垂俎豆于千六百余年后也。忠惠旧有专祠，在省会道山傍，为有司致祭之所。国朝乾嘉中，阮氏宗人以道远拜祭为艰，请有司别立庙于钟山，因以为宗祠，以便宗人瞻拜，至今犹享祀弗忒云。

光绪丙子岁，忠惠任十余世孙贞儒公，因修祠奉祀之际，览旧谱辄怃然兴感曰：忠惠虽远，遗训犹存，岂当时可以化荒裔之忆者，今不可以沾溉其子孙乎？于是聚族而谋，本忠惠之遗意，同旧谱而增修，使明孝弟齿让之义，曰祠祀，曰昭穆，曰世系，曰行次，源源本本，若网在纲，使子姓按籍而核，无不动其敬祖睦宗之谊。至若贤而显者，特为立传以宠异，隐然有以鼓励，夫宗人一举也，而亲亲贤贤贵贵之道寓焉，国史之体，不外此矣。吾知遐迩有裨于世道人心之大者，家乘之系，与国史将毋同，贞儒公诚无忝厥祖矣。

忝与公之哲嗣竹轩为总角好，当丙子岁，与余年皆志学，曾见其检家谱而慨然曰，先祖忠惠公以一书生出守东瓯，本中原之文教，开滨海之屯蒙，今修于户庭，旬月之间，化洽于要荒千里之外，其立德立功视李、常二公尤有进焉。彼二公者独赫赫于当世，而公则见遗于国史，志亦语焉不详，是何异许远、张巡节概同，然而闽固裔夷，考诸职方，第付九服之末，或且六朝之先入版图，未几岁，即间有一二出类拔萃者，官于其地，往往以伧荒赐隔，潜德匪彰。嗣而文献无征，又益五季之乱，货币不通，舟车罕至，声教多阻，父老失传，后之秉笔柱下者谁？复知千里瘴岭之外，先有高世遗俗开辟鸿蒙者，临于兹土乎？所冀异日者，以纪动之际余，参酌古今，于焉发幽光而述祖德，譬之许远无传，虽湮没于一时，而补缀之余，而率土之滨，无不同其风于千百世之后，则忠惠之姓彰于国史，将不胫而走，天下又赖谱而传哉，则曰唯唯。虽然亲亲之道，长幼之礼，任睦之化，则忠惠之家教，君能继先志而预修之，将见异日忠惠之化，自近及远，自家而国，犹之国史惩劝之功，则君之述事而修谱，即以为修史之权舆可焉。是为序。

清光绪二十有七年（1901）岁次辛丑仲春上浣，同里砚庚弟郭质夫、郭廷献顿首拜题。

（三）钟山阮氏重修族谱叙

石鼓之侧有钟山焉，旧行春门十里而近，阮忠惠后人聚族于斯，千有余载。忠惠讳弥之，江左人也，刘宋时代仕于闽，为昌国（晋安）郡守，兴学于乌山，垦荒于阮塘，塘距钟山里许，因家焉。虽更姓易代，而子孙萃处，服先畴而食旧德者沿之到今，东乡望族，如竹屿邓氏，后屿叶氏，未之或先焉。岁久族繁，间有科迁徙于闽之上下游诸郡邑，数典犹不忘其祖焉。今其村为钱（前）屿，国朝乾隆间，官设阮忠惠祠，春秋致祭，钟制宪讳音者，献以“闽瓯师表”四字匾，音盖忠惠公闽中名宦，亦闽中先师先啬，闽人德之，初祠于乌石、公之兴学处，岁久祠圮，乃移于前屿、公之垦荒处。夫闽为海滏僻区，去中州五千里，在唐虞三代以前，未之有闻，无诸开疆，一闽中盘古也，李常兴学，一闽中孔子也。当冶城开辟以后，唐代观察以前，兴学劝农，将谁任耶？忠惠以江左世胄甲族，为昌国（晋安）郡守，教稼穑，明伦躬，兼其任，功岂在稷契下。自是之后，文化大开，唐代欧阳詹首登甲榜，收其果，公种其因。林文忠垦耕新疆，伊犁食其福，实公导其源。宜乎子姓繁昌，至今未艾。丁未之春，清游石鼓，道出于前屿，谒公祠，晤公之后人家善、竹轩二公，系其族中之秀而有文者。旧谱散佚，岁久未修，先世之功德在，闽县有志，郡有记，而家之谱倘阙焉不彰，是夏商之礼，杞宋无征，圣人复起，亦不能言，用兹惧焉。遂以修谱自任，属清叙氏族之缘起，庶后人得所考焉。清虽不文，世居闽东三百余年，食忠惠之福，既不敢忘于心。二君修谱，光前垂后，亦不敢辜其志，因述其概略。至于谱例仿于班书，二君咸知焉，不赘。

清光绪丁未元春，乡有后学魏怀清谨识，公元1907年元春。

二、兴化莆阳阮氏族谱序

古者聚民于井田，家有恒产，族无所之，而又奠之以世系，联之以宗法，亲之以祭祀，设之以学校，而道之以六德六行。故民生其时，恒心不失，而仁义之道勃然而兴，人皆亲睦，比户可封。孟氏所谓人人亲其亲，长其长，而天下平也，此也。自阡陌开而族散，宗法废而族移，学校德行之教弛而族离。历世滋蔓，子孙至不知先人名行，视宗族如路人，离群孤立，放僻奢侈者有之，贤者伤之，于是纪之以谱，襟序昭穆明，世系伦叙不乖，情谊属联，相亲相善，勉成为忠臣、为孝子，其于世教，不大有所裨益乎？是故古者宗法明于上而善治，而后世谍牒纪于下而善教，寓谱之不可以已也，如是哉。

咸淳丙寅岁，余偶以事经莆，而谒年兄阮汝龙君，因其出家谱面以序请，余阅而叹曰：远哉族也，善者谱也。文献伦彝，历古迄今，昭明罔缺，祖宗之世德，子孙之世守，于滋备矣。岂不为宇宙间所罕见乎？故溯之阮得姓肇封遐哉矣，未遑俱述。第自入闽之祖考之昌国，以兄弟守联于前宋，协律以明哲辟地显于南唐，侍御以应天顺时显于皇宋，而侍御之子孙，登科第、袭簪缨者济济绎绎。五世孙河南少尹骏公，以忠义而享庙祀，则知阮氏世泽长远，忠孝相承，今昔殊时，后先一揆。夫固其植本固而发源深，盖亦之，有籍之牒而维系观感之助匪浅也。况汝龙君，自此功业弘远，诸群从洎显之君，将骎骎乎秉钧轴以辅翼国家于磐石。然之固其子孙又绳绳继出，衍祖德于无穷，维人心于不散，使人益知其为斯谱扶植之功，不既多乎。余固羡阮氏之远谱传世之远，尤羡其忠孝传世者为尤远也，固重其可以尊祖睦族，为一家之宝；尤重其可以风天下成至治，而为天下之公宝也。书以此复汝龙君云。

皇宋咸淳丙寅春三月上浣，年家生庐陵文天祥书于阮氏西山祠。

注：宋咸淳丙寅年即公元1266年，西山即莆田始祖沂公，西山祠即其由金沙卜迁莆阳阮巷时所建宗祠。

三、德化阮氏族谱序

尝思人之有宗祖犹树之有本根，有子孙犹树之有枝叶。本根立，则高曾之矩规难忘；枝叶蕃，则世代之绵延宜序，此谱所由设也。我始祖于南宋时启宇梓安，创业垂统，洎于今多历年所，以其间派别支分，有盛衰之不一，生存死没有名实之堪称。或经营而克家，或远引而他处，耳闻目睹，在在可稽，岂若杞宋之无征哉？应虽鄙学，颇知其概，爰是蒐辑，而立一谱。追渊源于一本，别世代之分殊，庶祖德宗功，无或有失；左昭右穆，罔至差池。俾奕礼子孙，得以览斯谱而识其本根之立，枝叶之蕃，继继绳绳，相传勿替也云尔。

大明成化十六年岁次庚子，裔孙吴应拜撰。

——德化《梓安阮氏族谱》

四、周宁李墩阮氏宗祠序

夫河图生而八卦画，洛书出而九畴序，昭穆位而族胞亲。人之有祖，犹如水之有源，树之有根，源远而流长，根深则枝繁叶茂。因而，数典念祖，是中华民族的优秀传统。宗祠是念祖的殿堂，是族人聚会的场所，也是游子寻根的地方。

吾祖源自河南开封陈留郡，刘汉永平年间阮郥公生二子，长曰肇，次曰桀，桀生平，历后汉三国至曹魏文帝时，凡八传至瑀公，字元瑜，名列建安七子，嗣后贤俊辈出，凡十一传至顺公，字伯淳，任光州固始令，而迁居该县，凡十六世至严公，字国威，行阮三，大使光禄大夫，咸通年间拜为太子太傅。乾符五年至中和四年黄巢起义，陷长安及光州等郡。严公携钱氏夫人并六子及孙，广明年间举兵随王审知兄弟入闽，景福二年抵福州。严公第三子阮能公，字仲仁，曾任节度使，唐末封为国公京畿，娶吴氏，生七子，助闽王有功而显宦于闽。第五子希袭公为闽王驸马，守御长溪等郡，寇息民安。少英公遵父命居于濂村之水北，英公次子讃公，字允光，迁居苏洋上井，约十五传至仲模公，行小六，迁桃源阮家洞，去其荒秽，以奠其居。及至桃源十九代碧升公，字玉东，于乾隆三十六年辛卯春，移居六蒲洋水北境李村，枝繁藤达，至今已九传有余，衍派九州四海。是以，水有源而江河长流，树深根则山川锦绣，此之谓也。

吾族迁居李墩后，秉承家风，努力耕耘，奋发进取，勤俭持家，朴实诚信，尊老敬贤，携幼扶弱，团结邻里，亲睦友善，和乐融融。

为了上承祖泽，下启后昆，感念先辈之殷德，便于族人之团聚，使游子追根觐祖有其属，行春秋祭祀之礼，报寸草春晖之心，由族亲长辈和兄弟姐妹及侄孙们发起兴建李墩阮氏宗祠。公元1995乙亥年建成上座，公元2009己丑年起扩建前座，并立牌坊，今将竣工，实乃吾阮氏宗族之盛事。余才疏学浅，族亲令余书序于斯，纰漏之处在所难免，望族亲访友润色增辉。

桃源二十五世裔孙阮诗玮叩首谨序，公元 2011 辛卯年仲春叫望于闽都。

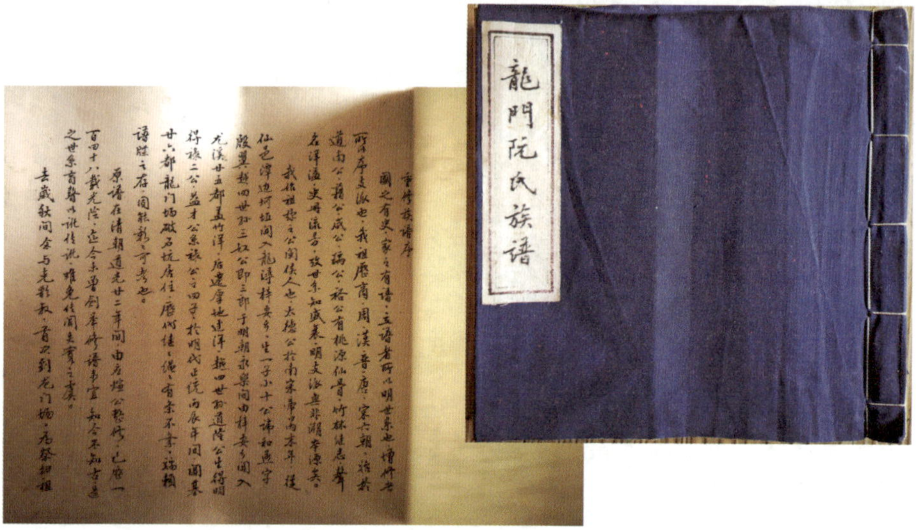

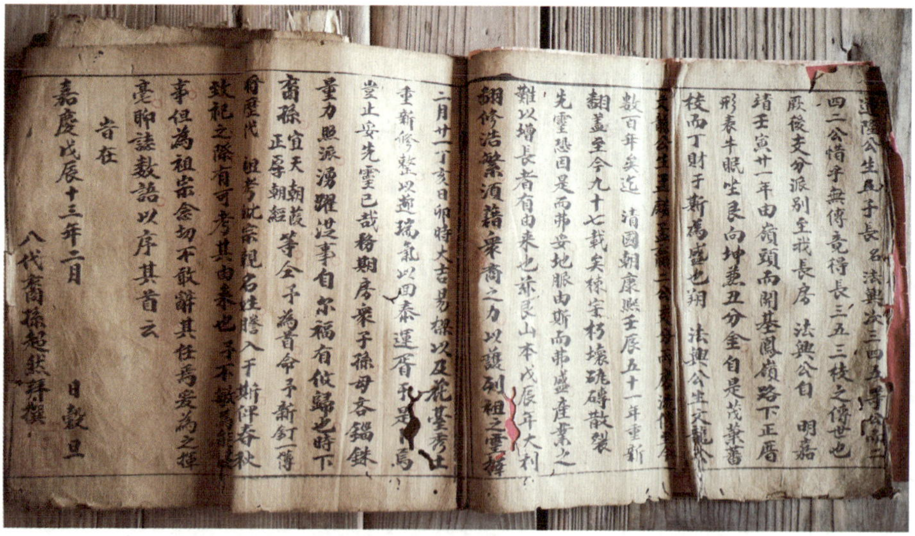

《龙门阮氏族谱》书影

第二节　匾额

匾额集书法、建筑、文学、雕刻、印章于一体，具有丰富的文学和美学价值，意蕴深刻。匾额初始于春秋战国时期，成为宣扬“礼制”与功德的标志。宗祠匾额表明家族荣誉、道德崇尚与精神取向，是建筑中的“点睛之笔”，是宗祠文化的重要内容。在前屿阮公祠、仙游阮氏宗祠等宗祠中有“钦赐葬祭忠惠阮公祠”“闽瓯师表”“教子有方”“伟哉阮母、德被异土；宝婺虽陨、范式千古”和“彤管昭然”“燕翼贻谋”“阮氏世居”等匾额，集中体现阮弥之及其后人的光辉业绩。

一、“钦赐葬祭忠惠阮公祠”匾额

阮弥之因忧伤国事病故，朝廷赠资政大夫，谥“忠惠”，钦赐祭葬，官设春秋二祭。阮公祠正门上方的“钦赐葬祭忠惠阮公祠”匾，应为清乾隆二十四年（1759）重建阮公祠时所刻。

阮公祠正门上方的“钦赐葬祭忠惠阮公祠”匾

二、“闽瓯师表”匾

“闽瓯师表”匾是清乾隆二十四年(1759)由闽浙总督钟音题赠，现匾系仿制。钟音(？—1778)，觉罗禅氏，满洲镶蓝旗人，清朝官员。乾隆元年(1736)进士，官至闽浙总督、太子少保、礼部尚书，卒赠太子太保，谥文恪。

三、朱德、彭德怀元帅赠阮太夫人匾额

“教子有方”匾，是朱德赠予阮太夫人的。题匾曰“伟哉阮母，德被异土；宝婺虽陨，范式千古”，是朱德闻知爱国华侨阮家金之母阮太夫人逝世后题赠。“彤管昭然”匾，是彭德怀赠予阮母魏太夫人的。

抗日战争时期，八路军总司令朱德在党内兼任侨务领导，他接到华侨阮家金募集的捐款和药品后，非常感动，立即题词一幅，赠给阮家金的母亲魏太夫人，上书“教子有方”。1947 年，阮母魏太夫人逝世，中国人民解放军总司令朱德闻讯，亲笔题词致哀，称“伟哉阮母，德被异土；宝婺虽殒，范式千古”。同时彭德怀副总司令也致词称“彤

阮公祠大厅中的匾额

管昭然”，赞颂阮家金先生的母亲魏太夫人教育子女爱国爱乡、为抗战捐款捐物之义举。“宝婺虽陨，范式千古”喻魏太夫人虽然去世，但作为榜样永垂不朽；“彤管”原指古代女史用以记事、杆身漆朱的笔，出自《诗经》中的《邶风·静女》，以红色表示赤心爱祖国。

这些墨宝记载着海外华侨支持民族战争的光荣历史，见证阮家金先生为代表的海外华侨在抗战中的爱国主义情怀，表现他们崇高的民族大义和赤子情怀，具有很高的历史价值。

“彤管昭然”匾

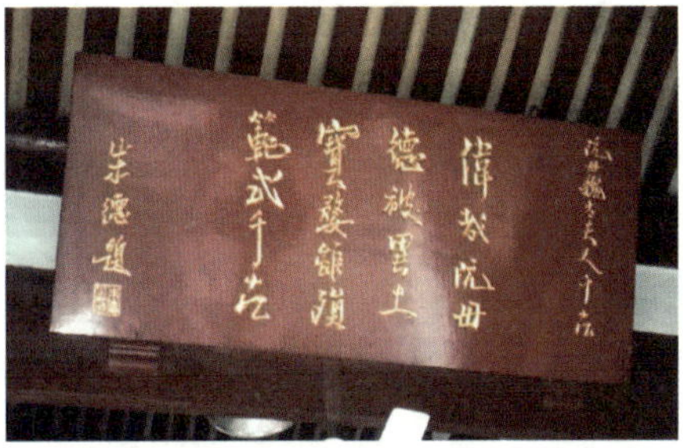

朱德闻知爱国华侨阮家金之母阮太夫人逝世后题赠

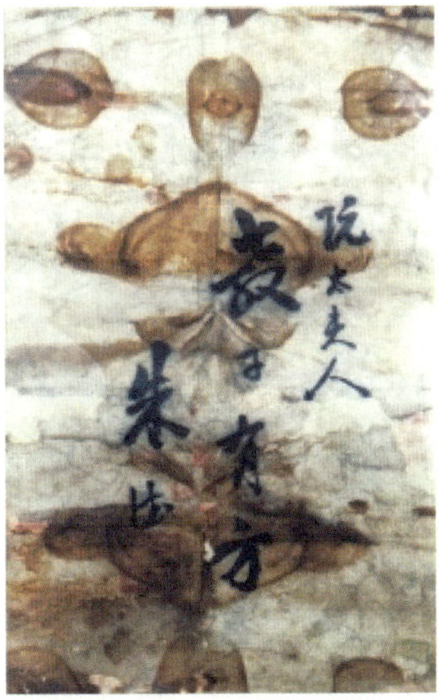

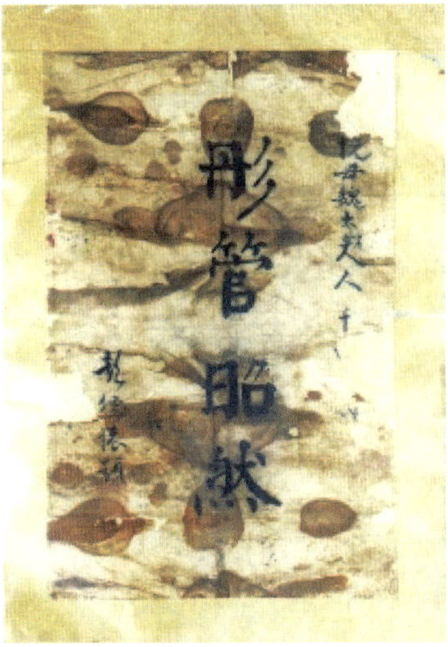

四、“燕翼贻谋”匾

该匾是琉球冲绳阮氏我华会所赠。根据琉球阮氏族谱记载，始祖阮国（号我萃）于明嘉靖四十五年（1566）出生于龙溪县；1594年后，多次往返中琉之间；1607年，受朝廷批准入籍琉球，以士族身份入居久米村。其后裔不忘开基祖，坚持400多年的祭祖活动，当代更组织“阮氏我华（萃）会”。20世纪80年代以来，琉球阮氏多次携带《阮氏家谱》寻根到漳州龙海角美，拜谒祖庙“世德堂”；同时，还访问福州阮公祠、泉州阮氏祠堂、海澄（县）月港阮氏宗祠。

此外，前屿阮公祠内还有文天祥“特祀忠贞”、清咸丰十年（1860）的“军功六品”、民国蒋中正的“载德奕世”、陈肇英的“为族争光”等匾额。

五、“阮氏世居”石匾

仙游县龙华镇金沙村上库自然村有俞诲所题“阮氏世居”石匾。龙华镇金沙村上库自然村是阮氏入仙始居地。该石匾现藏于村中锦云书院（系三一教庙宇）内，右临阮氏祠堂。

俞诲，字忠伯，莆田人，明代书法家。万历二十五年（1597），福建乡试洪承选榜举人，万历二十九年（1601），张以诚榜三甲进士。曾任江西按察使，后升陕西右布政使、湖广左布政使。

“燕翼贻谋”匾

“阮氏世居”石匾

第三节 楹联选粹

宗祠楹联内容多为反映家族荣耀和对祖先的崇拜，强调绍继祖风、光耀门闾等内容，其内容包括寻根追祖、表彰先贤、训勉后人等。福州前屿、莆田阮庄、仙游金沙村、尤溪等地的阮氏祠堂楹联富含哲理，记述了阮氏的来龙去脉，如“忠贞光史册；惠泽被闽疆”，赞颂阮弥之开八闽教化先河的历史功绩；“竹林衍派传江左；忠孝遗风绍道南”，旨在告诉人们派衍江左，告诫子孙应仰承祖功、慕忠孝美德。各祠堂楹联多凸显后人尊祖敬宗之心。今撷选部分楹联于下。

一、福州前屿阮公祠

忠贞光史册；
惠泽被闽疆。

闽瓯著绩垂千古；
师表荣名耀万年。

陈留世第扬正气；
闽瓯师表誉闽州。

民德高歌扬国史；
皇恩立庙祀乌山。

竹林劲节标青史；
资政铭功誉闽州。

丰功垂史册；
浩气壮江山。

左翠旗似彩霞普照竹横前后屿；
右石鼓闻钟声响彻阮洋鼓山边。

竹林源远存忠惠；
前屿流长俎千秋。

忠心耿耿昭日月；
惠政殷殷泽万民。

昔日奉献无私鞠躬尽瘁为社稷；
今时馨香有庙断往开来祀闽都。

育化夷越兴礼教；
留芳青史记春秋。

心存忠贞育化夷越礼教文明安疆土；
身入蛮地勤政爱民兴学稼穑定闽州。

追溯渊源羲皇赐姓皋陶造律法；
光宗耀祖商封诸侯西周祀阮国。

朝赠资政情系夷族礼邦文化安国土；
名谥忠惠绥靖闽疆碧海丹心慰黎民。

开三山文明，化峒夷仇隙，民风丕变，政通人和，福荫八闽，恩泽桑梓；

享春秋二祭，谥资政大夫，旌表忠惠，闽瓯师表，名炳千秋，功流万世。

二、仙游郊尾镇阮庄村阮氏宗祠

竹林衍派传江左；
忠孝遗风绍道南。

陈留世第扬正气；
师表荣名耀闽疆。

桃源仙骨垂千古；
侍御高风绍万年。

金沙望族千秋续；
钱屿名家万世传。

先贤虎跃风雷震；
后辈鹏飞云雾腾。

忠孝遗风派衍绵绵江左贵；
竹林世第贤承济济建安春。

竹节培万千苗笋；
乌台振忠孝遗风。

三、仙游龙华镇金沙村阮氏宗祠

祠宇喜重新光前裕后；
规模仍由旧春祀秋尝。

大中丞观象贻谋累叶，官勋昭图史；
烈留守捐躯报主有源，家学洒宸章。

——文天祥题联

协律开家风千年称善；
竹林推甲第万古留芳。

忠孝遗风绳祖武；
金沙望族迪前光。

江左家声千里骥；
竹林世第七贤传。

四、尤溪龙门场阮氏祠堂

梓安由闽侯入仙入德，贻子翼孙，千秋牢记坷垅龙浔；
半岭从盖竹厚地过洋，承先启后，万古留念高楼义山。

半岭青山腾紫气；
龙门绿水映红霞。

一门山水随狮吼；
万里风云趁凤飞。

凤继闽侯闻燕美；
岭由厚地拓龙门。

第七章 文章选辑

忠惠阮公祠庙记

阮文火　阮昌贵

昌国太守阮弥之卒于官，郡民德之，立为七闽人师庙，于乌石山南面，原兴学地仁王寺边，塑像为神，焚香祀之。

宋文帝赠资政大夫，谥忠惠，钦赐葬祭，闽人敬之，立忠惠庙于阮公衙署旁。官设有司春秋二祭。宋代，河南少尹阮骏公以身殉国，赠朝议大夫，谥忠武，祀忠孝祠，后移入祠庙与祖同祭。宋末改曰八闽人师庙，至今立祠庙1558年。钱屿子孙往乌石山奉祭，路途遥远，向省申陈。于明万历七年（1579），移建东水关外归善里钱屿墩。清乾隆赐旨重建忠惠阮公祠，前后三进，赠“闽瓯师表”匾。道光年间，遭飓风推倒后山第三进，剩下两进，光绪年间重修。历代官府出银知府主祭。吾祠庙历来是办学的文教场所，特别是1933—1938年办为福建省立义务教育实验区工读学校，闻名全东水，受省主席赞扬。新中国成立初期，1949年8月17日之后，作为福建省人民革命大学第一分部三班校舍之一。1995年4月13日，福州市郊区政府宣布为区级文物保护单位。

我祖入闽已1670年，定居钱屿1558年。公元1995年11月7日记。

福建阮氏祠堂堂号

阮文火　阮昌贵

入闽太始祖阮弥之公。

惟兹闽土，昔为沧荒。明明我祖，师表一方。学校井田，功德无疆。上下千古，俎豆馨香。世运代谢，俾炽而昌。

闽人德之，立七闽人师庙，祠立乌石山忠惠陈留堂，今为福州市府之地。千年公祠今已废，明万历七年移建钱屿，改为八闽人师庙。乾隆旨赐重建忠惠阮公祠，赐赠“闽瓯师表”匾，乃福州地区唯一的阮氏古祠。仍以陈留郡望陈留为堂号，亦曰江左堂。

钱屿裔祖阮鹏公迁居金沙，为金沙始祖，建有宗祠堂号为陈留。金沙传五世祖阮沂，迁莆田阮巷开基，为莆田始祖，建有西山宗祠，以竹林堂为号（今祠已毁）。

元初十五世孙阮宜宣公，避居黄石厚道，建有宗祠，堂号为忠孝。宏孙迁郊尾阮庄村，仍建祠堂号为忠孝。今莆田地区全改为忠孝堂，以纪念阮骏公以身殉国。

福州斗顶曰二贤堂	德化南埕为燕美堂
尤溪三斗曰松竹堂	尤溪遐龄曰旨思堂
尤溪大丘曰洋中堂	福安大留樟港曰陈留堂
宁德漳湾曰陈留堂	龙海石美宗祠曰世德堂

永定湖雷曰竹林堂　　永定坎市东中村曰秦华堂

南靖祠曰追远堂、南川堂、继成堂等

兴化仙游金沙唐协律郎祖墓已历千年以上，为县级文物保护单位。太始祖忠惠公二十二世孙阮鹏公，由钱屿迁居金沙隐居，寿九十五终，与其孙银青光禄大夫阮恩公同墓，今仙游县人民政府特立碑，并列为县级文物保护单位。

阮弥之事迹初探

陈常飞

福建自古为海滨邹鲁、文献名邦，历史名人众多，包括隐居闽中或宦闽者。然而学界对闽地唐代以前人物关注甚少。西晋至隋唐数百年间，中原地区战乱频仍，北方士族纷纷避难入闽，同时他们也将中原文化及生产技术带入，从而带动福建地区发展，主其事者亦因此名列史册。南朝时期的阮弥之即其中一位。今福州晋安区前屿有阮公祠。近年，福州阮氏宗亲组织编纂《福州阮氏宗谱》，以载其家族世系、人物事迹，使人得见梗概，但对阮弥之本身研究太少。历史人物事迹挖掘是史学研究构成部分，它覆盖面广，且成果易于为普通读者所接受。笔者整理相关文献，对其人物生平及所处时代进行追溯，同时做一些史料辨证，以助当下对阮弥之的宣传。

阮弥之（？—436），原籍江左会稽剡县（今嵊州），南朝宋元嘉间（424—453）任晋安郡太守，任上“教稼穑，兴学校”，惠政显著，卒赠资政大夫，谥忠惠。

关于阮氏事迹，史书语焉不详，其人物资料并见沈约《宋书》、黎崱《安南志略》、郦道元《水经注》、郭柏苍《乌石山志》《竹间十日话》、郑祖庚《侯官县乡土志》《闽县乡土志》、黄仲昭《八闽通志》及《福建通志》《福州府志》等地方旧志记载，然而多转相引录，吉光片羽。

先贤留遗迹

阮弥之有功社会、百姓，“闽人食其德，立祠祀之。”（郑祖庚《闽县乡土志·东山区》）

他在福州的遗迹有两处。一在乌山，一在晋安区。史籍载：“阮太守祠：祀宋晋平郡太守阮弥之，今福州治（南朝宋泰始四年，改晋安郡置；七年，复名晋安郡）。……后移于东关外归善里。”（《福建通志·祠祀·福州府》）乌山阮公祠在山南麓，明万历三十七年（1609）六月，因“雨暴山崩”，而导致祠宇倾圮，“片瓦只椽，杳不可见”。据郭柏苍《乌石山志·志余》（卷九）载，当时阮公祠中还祭祀明代抗倭将领阮鹗。且坊间流传一“灵异事件”，言邻近居民常见有巨蟒“或蹲山麓，或蟠官署觚稜之上，双目如炬”。一次风雨导致乌石山某些地块崩塌后，巨蟒遂不复见。关于乌山阮公祠兴建时间，该志称“男女痛哭之声不绝于道，塑像奉以为神”，据以语推知，当在阮弥之逝世后不久。

乌山阮公祠倾圮后，此祠遂移至归善里（今晋安区前屿村）。一说前屿村阮公祠为万历七年（1579）建，未知所据。

晋安阮公祠几经重建，现据史料、碑刻等记载，胪述于下：

乾隆十一年（1746），“巡抚周学健重修”（乾隆《福州府志·坛庙》卷十四）；乾隆二十四年（1759）重建，宪台赠“闽瓯师表”；“道光中遭飓风推倒三进”，据今祠“道光十九年，本乡重建立”楹刻，推知当在此时；光绪年间亦有重建。民国年间，改为学校。新中国成立初期，曾为“福建人民革命大学”第一分部三班校舍。（以上据1998年6月所立《忠惠阮公立祠庙记》）现该祠已被列为晋安区文物保护单位，建筑为土木结构，基本保留了清代重修后的整体格局，祠堂面宽15米，进深46米，占地面积约690平方米。

立心为公，政事不殆

先说阮弥之任交州刺史事迹。

林邑国，位于中南半岛东部。汉末大乱，功曹区达杀县令自立为王。“自区逵以后，国无文史，失其纂代，世数难详，宗胤灭绝，无复种裔，外孙范熊代立”。晋成帝咸康三年（337），范逸（范熊子）死后，其奴仆范文篡位。

元嘉元年（424），“交州刺史阮弥之征林邑，阳迈出婚，不在。”（郦道元《水经注》卷三十六）此事起因，在《资治通鉴》中亦见记载，大体为：林邑王范阳迈曾派遣使节向刘宋朝廷进贡，而贡品很少且简陋，另一面依旧不断犯事骚扰。于是文帝刘义隆派交州刺史檀和之讨伐林邑。后文帝任命宗振武将军，檀和之派宗前锋……此事发生在元嘉二十三年（445）左右。沈约《宋书·列传·夷蛮》（卷九十七）中亦载：“（元嘉）七年（430），阳迈遣使自陈与交州不睦，求蒙恕宥。八年，又遣楼船百余寇九德，入四会浦口，交州刺史阮弥之遣队主相道生三千人赴讨，攻区粟城不克，引还。”黎崱《安南志略》（卷九）“阮弥之宋交州刺史”条则更为细致描述该事：范阳迈出外，其将领七千人先袭区粟城，“弥之泛海遇风三日无顿止所，夜遇贼于合浦。阳迈部船五百来战，弥之射中阳迈舵工，船败纵横，单舸接得阳迈而遁。弥之遇风溺百余里难以制胜，遂引师北还”。

阮弥之为官政声颇著，在闽地为官亦有治绩。

太康三年（282），闽中设晋安郡。此郡辖沿海八县，然而人口稀少，平均每县不过几百户人家。公元420年，刘宋政权建立。闽地亦在此朝统治下，前后60年。时晋安郡“领县五（候官、原丰、晋安、罗江、温麻），户二千八百四十三，口一万九千八百三十八”。（《宋书·州郡志》）刘宋时期，南北战争主要集中于江淮地区。而福建地区西北连山，东南滨海，交通不便，故能保境自安，局势大抵平静，而洞夷山寇侵扰则未能避免。宋文帝时期，闽中发生过动乱。元嘉元年（424）“建安郡山贼百余人破郡治，抄掠百姓资产、子女”。（《搜神后记》卷三）“元嘉初，上虞孙溪奴多诸幻伎，判入建安治中”。（刘敬叔《异苑》卷九）闽浙一带洞夷海寇猖獗肆虐，阮弥之“设方略御之”。当时百姓不多，将兵固然很少，此当时社会情状亦可为“设方略”作一注解。《宋书·百官志》对郡守职事作了相关说明“郡守治民，丞佐之，尉典兵，备盗贼”，阮弥之为民纾难，恪尽职守。

宋文帝刘义隆曾遣散骑常侍袁渝至福州观察吏政，访求民情，“弥之历陈损益上言”，“上悦，欲召内用（指任“京官”）”。后因百姓挽留，遂不果。除了上述“御寇”一事外，其治闽功绩主要在于教民稼穑和兴办学校两个方面。

推行教育，发展农事

阮弥之在福州为官，深受百姓爱戴。其间“兴学校，正风俗……”死后，“郡人思之”（《福建通志·祠祀·福州府》），更将其奉为神明，建庙祭祀。刘宋朝廷也钦赐祭葬，“官设有司春秋两祭”，可谓“殊荣”。

闽地偏僻荒远，农业生产水平低下，经济落后。长期以来作为中原贵族流放之地，至刘宋时期略有改观，对闽地开始重视。

阮弥之奉政入闽，任上注重农事，组织开拓阡陌，教民稼穑，把良种引进福建，使农业得到发展，改变了闽地“行经万里，不见汉地”蛮荒现象，这为以后福建的治政打下良好基础。在“兴学”方面，他在乌石山麓办学，传播文化，社情民风有所改观。后来中唐时期李椅、常衮兴学，闽国王审知置“四门学”培养人才，北宋海滨四先生倡道东南等彪炳福建教育史上的事迹，想来与此不无关系。而阮氏推行教育的事迹鲜见史料记载，只留下“阮弥之任昌国郡（元嘉间，晋安郡改名昌国郡，不久复原名）太守，曾兴办学校，教育闽人子弟”（福建省地方志编纂委员会《福建省志·教育志》），于是“社会出现‘家有诗书，市无嚣斗’的良好风尚”（福建省地方志编纂委员会《福建省志·教育志·附录·大事年表》）等极简的语言。《福州阮氏宗谱》记载阮弥之办学规模、师资、教学内容，然而亦只字片语：“初到（福州）见闽越人不知学，不知礼……于是在乌石山麓择地三十余亩、二十多间房，兴办学校，邀请江左名士来闽讲学，传播中原文化。”

阮弥之致力教育自然与其心志相关，但刘宋朝政策亦不可忽视。

刘宋文帝朝政治清明，经济、文化等均取得较大发展，“三十年间……民有所系，吏无苟得”（《宋书》），史称“元嘉之治”。宋文帝在农事方面多次劝课农桑，奖励垦荒；在文事方面，创建“四学”（玄学、史学、文学、儒学）。在这一大背景环境下，阮氏对晋安郡治理卓见成效，也是事出有因的。鉴于他的教育功绩与发展农业等政绩，后人祭祀、怀念他更是理之所在。

阮弥之卒年及任职时间考

阮弥之卒年和担任晋安郡守职时间未见史书详言，但仍可根据相关人物及事件推知一二。

《乌石山志》载，阮弥之“闻上杀檀道济，竟叹息忘寝食，以忧卒”。考檀道济为刘宋开国元勋，文帝患病时，因忌其威名，故召还杀之，事在宋元嘉十三年（436）。阮弥之为此而“叹息忘寝食，以忧卒”，据此可推测其逝世时间当在此时。

元嘉年间晋安郡守据史料载，有“张先顷、阮弥之、池（一作沈）云子、阮仁之、丘祚、阮永之、颜仲文、刘隐、范璩、王粹”（黄仲昭《八闽通志》）。乾隆《福州府志》则记载他们的任职时间，阮弥之系元嘉二年（425）任。史载，阮弥之“征林邑”事件发生在元嘉元年（424）和元嘉七年（430）；同时，考《福州府志》，另一位晋安郡守沈云子为“元嘉六年（429）任”。据此即可证明，阮弥之在福州任职时间即公元425—428年之间，前后不过五年。而这段时间，却为福州留下浓墨重彩的一页历史。

闽中文教先祖阮弥之

卢美松

阮弥之（？—436）的名字至今已少有人提起，因他从江左来闽担任昌国郡守距今已将近1600年。他的生平事迹早已隐入历史深处，鲜为人知了。但若说到福州的甚至是福建的教育发展史，这是一位绕不过去的人物。他在福建卒后，朝廷为之立庙奉祀，且题匾曰“七闽人师”，表彰他开闽地文教之先河的贡献，也是对他个人治绩的历史定位，是对福建教育历史的客观记录。

福建古称“七闽”，这不是行政区划的定数，而是出自上古周代朝廷在闽“所服国数也”。也即当时闽人所立七个方国（部族）全数臣服周王朝，福建地区归入周朝版图。当时闽族人分布的范围包括闽中地区及周边的浙南、粤东和赣东南部分地区。所以乾隆时福建官员为重建的“忠惠阮公祠”题匾又称阮弥之为“闽瓯师表”，盖因闽北、浙南在汉初为东瓯国地，后为闽越王郢所吞并。闽瓯之称体现了人们对前古时代闽中地域范围的历史记忆。“昌国初为蛮地，俗不知学，弥之教之稼穑，兴学校”。这表明晋宋之时，瓯闽地区受中原王朝管辖，尚缺少文明教化。正因为如此，阮弥之主政昌国郡，其教化治绩更显难能可贵。他应是闽中文教之始祖。

谱载阮氏是伏羲氏之后，阮隃伯之胤，皋陶伯益之裔。商代受封，建立阮国于泾渭（今甘肃泾川），东周迁陈留郡（今河南尉氏县），甘于隐逸，蔚为望族。为“建安七子”阮瑀、“竹林七贤”阮籍、阮咸同族。阮氏被称为“中州士族”“南渡世家”，因有习儒的传统与重教的门风。阮氏入闽始于南朝刘宋。阮弥之任昌国郡（元嘉间由晋安郡改）守是在受任交州刺史的第二年即南朝元嘉二年（425），这可能是他从政生涯的最后一站。他以仁心行惠政，史籍记载他的政绩比较简略，但联系到当时的社会历史背景，应该说他的文教绩效在于首倡之功，而其兴农业绩的开创意义甚巨。

史志记载，阮弥之治闽业绩首先在于劝农。如《闽县乡土志》载，“弥之教稼穑”，又说他“盖首劝民农者，闽人食其德”。可见，此前闽人的农业生产技术和水平尚低，阮弥之是中原世家南渡江左，以先进的农耕文明和生产技术教导闽越土著，是福建有史记载劝民务农、学习先进稼穑方法的第一人，故称“首劝民农”，这也是福州地区从蛮荒走向开发、精耕细作的最早记载，为福建农业的发展奠定基础，居功至伟。阮氏落籍闽中后，阮弥之率领族众开发住地钱屿墩周围大片农田。阮氏聚族而居，因而有阮洋之地名。

其次是《乌石山志》记载，当时“洞夷海寇为虐，弥之设方略御之”。这句话语焉不详，实指当时福建大部分地区还处在蛮荒状态，“洞（峒）夷”应指居住在福州周围山岩洞穴之中的闽越土著。“海寇”乃指晋末卢循起义失败后流落在闽海地区的“义民”，他们多改操水上生业，为“游艇子”，又称“泉郎”，有的流为寇盗。这些沿海地区的土著闽人，或“以渔猎山伐为业”，或从事捕捞采摘为生，尚少定居务农生活者。宋梁克家《三山志》记载：“始州，户籍衰少，耘锄所至，逋迩郡邑，小离人迹即虎豹猿猱之墟。”这是南朝陈朝建立时，新设闽州以辖诸郡的情景，可见福州地区开发之慢。阮弥之因势利导，施以教化，以武力平定动乱，绥靖闽疆，施以教化，以仁心劝导农耕，招安岛民，其化育夷越之功亦伟，是继严高筑城之后功业载入闽史的第二人。

当时，福州地区还是闽江口的一大港湾，周边由无数山峰环绕，闽江海湾内人口聚集，各营生业。经历沧海桑田的自然变迁，让“闽在海中”的江口海湾内，由泥沙淤积而逐渐在山丘周围形成洲地平陆、荒原草甸。传说阮弥之带领乡民开发百里沙洲，引进良种，发展农业。后来阮氏家族也就定居在福州东郊钟山（又名钱屿墩，俗称前屿）周围地方，前屿遂成他终老之地。由于阮弥之和后来继任晋安郡守的两位弟弟阮仁之和阮永之都曾任职晋安郡守，他们的后裔自然遂在今前屿附近开基创业。多年之后，其裔胤繁衍发展，许多人迁往福建各地乃至海外。据记载，琉球阮氏寻根到福州，其本为明初代赐往的闽人之一；越南阮氏出自大陆，直至民国时期仍有参加福州阮氏的祭祖活动。

再次，清郭柏苍《乌石山志》记载，阮弥之“兴学校，正风俗”。《福州阮氏宗谱》亦载，阮弥之初到，“见闽越人不知学，不知礼”，遂于“乌石山麓择地三十余亩，二十多间房，兴办学校，邀请江左名士包括阮氏文人，来闽讲学”。传播中原文化，宣仁广义，正风俗，扬士风，倡文明，民风因之“丕变”。据《三山志》载，因他的教化，使闽地从“俗未知学”做到“家有诗书，市无斗嚣”，开启了闽中的文明教化。阮弥之治郡的成效影响甚巨，纪阮祝文称“开全闽之文章”，闽中读书之风由此兴起，可见诗书教化确能移风易俗。闽中初现良风美俗，风教遍于市井。阮弥之殁后，世人悼念，即其衙署旁地建“七闽人师庙”以祀之。《闽县乡土志》载：“弥之入闽兴学，在虞愿、李椅、常衮诸人之前”，世称“七闽人师”诚为实至名归之褒扬。可惜，继续阮弥之之后担任晋安郡守的两兄弟阮仁之（元嘉九年任）、阮永之（元嘉十五年任），却没有留下记载，成为历史的缺憾。

阮氏家族在历史上是衣冠士族，永嘉之乱自河南陈留南迁至江左南京，是为南迁世家之一。阮弥之三兄弟入闽为官，隋唐以后，阮氏后裔逐步分散迁往闽中各地开基，如漳州、泉州，兴化、福宁、延平州府，福州的有古田、长乐、罗源等县，福州东郊则集中在前屿、后屿、阮洋（俗称远洋）等地。根据琉球阮氏族谱记载，始祖阮国（号我萃）于嘉靖四十五年（1566）出生于龙溪县，1594 年后，多次往返中琉之间，1607 年受朝廷批准入籍琉球，以士族身份入居久米村。其后裔不忘开基祖，坚持四百多年的祭祖活动，当代更组织“阮氏我华（萃）会”，20 世纪 80 年代以来，多次携带《阮氏家谱》寻根到漳州龙海角美，拜谒祖庙世德堂。同时，还访问了福州阮公祠、泉州阮氏祠堂、海澄（县）月港阮氏宗祠。

阮弥之的善治惠政闻于朝廷，宋文帝刘义隆特派朝臣散骑常侍袁渝到闽中考察，“觇其吏治”，“观察吏政，访求民隐”。阮弥之如实报告，“历陈损益上言”，经了解后，袁渝多次向朝廷汇报阮弥之的仁声惠政。皇帝十分高兴，欲招内用。刘宋文帝时政治清明，文教发展，号称“元嘉之治”。三十年间社会安定，故想把阮弥之调回朝廷，委以重任。无奈当地百姓“焚香遮留”，不让调走，阮弥之终于留下。但几年后他因同情社稷大臣檀道济被枉杀，“竟叹息忘寝息，以忧卒”。可见他忠国为民，忧劳国事而忘身。据史书记载，阮弥之于元嘉元年（424）和七年（430）两征林邑（在今越南南部），故在郡任职时间不足四年。朝廷得到他的死讯，随即下诏表彰，追赠资政大夫称号，并赐谥“忠惠”，赐祭葬并建庙，定春秋二季官祭。

阮弥之在任期间功绩卓著，但史载简略，归纳其事迹主要有：教民稼穑，垦荒屯粮；兴办学校，延师教学；端正士习，移风易俗；招安岛民，化育夷越；绥靖闽疆，郡邑井然，闽中因之大治。听闻阮弥之死讯，各地男女百姓痛哭，颂其至德。史载“闽人食其德，立祠祀之”，并“塑像奉以为神”，在乌山南麓学社原址建庙，郡人奉匾曰“七闽人师”。也有说在阮公衙署旁建忠惠庙敬祀之。明万历七年

（1579），应乡人之请，移建于东郊归善里（今前屿村）族人聚居之地。万历三十七年（1609）夏，“七闽人师”庙毁圮，“片瓦只椽，杳不可见”。清郭柏苍《乌石山志》记载，当时阮公祠中还祭祀抗倭将领阮鹗。据史料记载，清乾隆十一年（1746），“巡抚周学健重修”。乾隆二十四年（1759），朝廷赐帑下旨重建，福建宪台题赠“闽瓯师表”匾，祠联称“闽瓯著绩垂千古；师表荣名耀万年”。这些匾联与最初“七闽人师”题匾都准确表达了人们对阮弥之于闽中开辟文教鸿蒙治绩的评价和礼敬，寄托着闽人对阮弥之劝农兴学、教化百姓功业的永久思念。

祠于“道光中遭飓风摧倒三进”，有“道光十九年，本乡重建立”石刻记其事。余下两进于光绪十九年（1893）重修，1994年再修，现占地面积600多平方米，祠宇坐南向北，土木结构，前后三进，保留明代建筑风格。1995年被公布为福州郊区文物保护单位。

后　记

《七闽人师阮弥之》一书于2022年4月正式启动编写工作，为研究阮弥之生平、后裔及其时代影响，编辑部作者付诸心力，大量收集相关史料，并实地走访莆田、仙游、尤溪、德化等地调研。全书内容包括阮氏起源、阮弥之后裔传略，阮氏家族群体成就，以此凸显阮氏家风，并在历史大背景下，描述人物贡献、成就，揭示阮弥之从政、办学等经历，同时以中华祭祀文化为背景，就“谥号”“立庙崇祀”“阮氏家族祭祀”等进行介绍、分析，并围绕阮弥之这一系家族宗祠、遗迹和族谱编修、家风家训等进行介绍、研究。第一章“阮弥之家世”由中华阮姓文化研究会副会长、福建省姓氏源流研究会阮氏委员会常务副会长阮忠豪撰写；第二章“阮弥之入闽”由福建师范大学历史系教授徐心希撰写；第三章“身后哀荣”由福州市政协文史委编辑、福建省炎黄文化研究会理事陈常飞撰写；第四章“文化遗产”第一节、第二节、第三节由福州市社科院历史研究所所长杨济亮撰写，第四节由陈常飞撰写；第五章“阮姓名贤”由陈常飞编写，部分资料由福建师范大学历史系研究生吴远帆编辑、整理；第六章“谱序匾联”，由杨济亮整理；第七章“文章选辑”，收录研究阮弥之、阮公祠有关文章。

全国政协常委、福建省政协副主席阮诗玮，福建省历史名人研究会会长唐慧如始终关心支持本课题研究；福建省姓氏源流研究会阮氏委员会给予研究经费支持。福建省文史研究馆原馆长卢美松认真审阅全书，阮忠豪提供大量阮氏历史资料，陈常飞认真编辑、细心校对。在本书出版之际，向所有为本书付出心力者谨致谢忱。

囿于水平所限，本书尚有诸多不足之处，恳请读者教正。

2024年3月

图书在版编目（CIP）数据

七闽人师阮弥之 / 卢美松主编 . --福州：福建人民出版社，2024.3
ISBN 978-7-211-09284-0

Ⅰ.①七… Ⅱ.①卢… ②阮… Ⅲ.①阮弥之—生平事迹 Ⅳ.①K825.46

中国国家版本馆 CIP 数据核字（2024）第 024777 号

七闽人师阮弥之
QIMIN RENSHI RUANMIZHI

作　　者：卢美松　主编
责任编辑：林　顶
美术编辑：白　玫
责任校对：李雪莹
出版发行：福建人民出版社　　**电　　话：**0591-87533169（发行部）
网　　址：http://www.fjpph.com　　**电子邮箱：**fjpph7211@126.com
地　　址：福州市东水路 76 号　　**邮政编码：**350001
经　　销：福建新华发行（集团）有限责任公司
印　　刷：福州力人彩印有限公司
地　　址：福州市晋安区新店镇健康村西庄 580 号 9 栋
开　　本：787 毫米×1092 毫米　1/16
印　　张：16.25
字　　数：209 千字
版　　次：2024 年 3 月第 1 版
印　　次：2024 年 3 月第 1 次印刷
书　　号：ISBN 978-7-211-09284-0
定　　价：98.00 元

金教鞭

幼儿园
生活活动指导与实施

◎主编　李　涛

海峡出版发行集团 | 福建人民出版社
THE STRAITS PUBLISHING & DISTRIBUTING GROUP | FUJIAN PEOPLE'S PUBLISHING HOUSE

主　　编： 李　涛

副 主 编： 连　希

编写人员： 李　涛　连　希　钟玉巧　于爱丽

林玉玲　邱慧灵　郑燕飞　王玉林

林春艳　夏秀娟